POLISSEZ
VOS MEUBLES
AVEC
DES BAS-CULOTTES

Joey Green

POLISSEZ
VOS MEUBLES
AVEC
DES BAS-CULOTTES

Libre Expression

Données de catalogage avant publication (Canada)
Green, Joey
Polissez vos meubles avec des bas-culottes
Traduction de : Polish your furniture with panty hose.
Comprend des réf. bibliogr. et un index.
ISBN 2-89111-728-X
1. Économie domestique. 2. Produits de marque - Histoire. 3. Médecine -
Ouvrages de vulgarisation. 4. Conseils pratiques, recettes, trucs, etc. I. Titre.
TX158.G6814 1997   640'.41   C97-940277-8

Photos intérieures
YVAN DUBÉ
Maquette de la couverture
FRANCE LAFOND
Infographie et mise en pages
PRODUCTIONS PIERRE LEGAULT

Copyright © 1995 Joey Green
© Éditions Libre Expression
2016, rue Saint-Hubert
Montréal (Québec) H2L 3Z5

Dépôt légal :
2e trimestre 1997

ISBN 2-89111-728-X

Pour Elaine et Harry

INGRÉDIENTS

Mise en garde

L'auteur a recueilli les informations publiées dans ce livre auprès de plusieurs sources, mais ni l'auteur ni les distributeurs garantissent l'efficacité des suggestions. On recommande la prudence dans l'utilisation des produits nettoyants, des médicaments traditionnels et des pesticides. La majorité des produits décrits dans cet ouvrage sont des marques de commerce déposées. Les compagnies qui possèdent ces marques de commerce n'endossent pas toutes les suggestions qui sont faites dans ce livre. Plus spécifiquement, Coca-Cola Company ne recommande aucune autre utilisation de Coca-Cola que celle de boisson gazeuse. Procter & Gamble ne recommande et n'endosse que les utilisations énumérées sur l'emballage des produits Bounce, savon Ivory, Jif, Dawn et Pampers. Ralston Purina ne recommande aucune autre utilisation de Kitty Litter que celle de litière pour chats. Pour une liste complète des marques de commerce, voir la page 149.

Toutes les photographies sont reproduites avec la permission des propriétaires des marques de commerce.

Mais d'abord,
un mot de notre commanditaire

Alors que j'étais rédacteur publicitaire chez J. Walter Thompson à New York, je fus convoqué à une réunion de travail particulièrement étrange. Autour de la table, huit personnes représentant différents services de l'agence. La commande était bizarre: trouver ou imaginer des façons nouvelles et inédites d'utiliser le mélange à thé glacé Nestea et concevoir des messages publicitaires susceptibles d'augmenter les ventes du produit. Avant cette réunion, j'ignorais totalement qu'un bain de Nestea atténuait la douleur due aux insolations. La compagnie n'avait jamais vanté cette propriété dans sa publicité — à moins qu'elle n'ait voulu le faire subliminalement en employant le slogan *Take the Nestea Plunge* (Faites le plongeon Nestea).

Cette réunion bouleversa le cours de mon existence. Bien que je n'aie jamais été tenté par un bain de Nestea, je découvris que des produits connus pouvaient avoir des centaines d'autres utilités que celles pour lesquelles ils avaient été conçus et qu'on cachait ces renseignements aux consommateurs. Déterminé à mettre au jour ce trésor d'informations précieuses et secrètes, je quittai mon emploi et durant dix ans je me consacrai à découvrir toutes les vertus mystérieuses de produits comme Coca-Cola, Vaseline et WD-40.

Durant cette enquête, j'appris des choses renversantes. Le beurre d'arachide Jif peut aussi servir de graisse pour les essieux. Efferdent nettoie les diamants. SPAM fait un merveilleux vernis pour les meubles. Mais j'étais aussi obsédé par des questions angoissantes. D'où vient le nom Worcestershire qui désigne la célèbre sauce? Qui a inventé le Silly Putty? Comment fut inventé le sac Ziploc? Et, surtout, l'Amérique du Nord est-elle prête à le savoir?

Ce livre est le couronnement de mon périple obsessif sur les chemins tortueux du *know-how* américain. J'espère que vous conviendrez que mon voyage en valait la peine.

BERTOLLI
HUILE D'OLIVE

◆ **Rasez-vous.** Si vous manquez de mousse à raser, lubrifiez votre peau avec de l'huile d'olive Bertolli.

◆ **Ralentissez la chute des poils chez les chiens.** Durant la période où le chien perd beaucoup de poils, ajoutez une cuillère à soupe d'huile d'olive Bertolli à sa nourriture.

◆ **Nettoyez les perles.** Frottez chaque perle avec un peu d'huile d'olive Bertolli. Essuyez avec un chamois.

◆ **Nettoyez les métaux laqués.** Utilisez quelques gouttes d'huile d'olive Bertolli sur un tissu doux.

◆ **Soulagez la toux.** Mélangez trois ou quatre cuillères à soupe de jus de citron, une tasse de miel et une demi-tasse d'huile d'olive Bertolli. Chauffez durant cinq minutes, puis brassez vigoureusement durant deux minutes. Prenez une cuillère à thé toutes les deux heures.

◆ **Soulagez les engelures.** Chauffez un peu d'huile d'olive Bertolli et appliquez délicatement sur la peau.

◆ **Soulagez une inflammation de la gorge.** Prenez deux cuillères à thé d'huile d'olive Bertolli pour calmer l'irritation.

◆ **Redonnez vie à la peau sèche.** Lubrifiez votre peau avec de l'huile d'olive Bertolli.

◆ **Assouplissez vos cheveux.** Chauffez un peu d'huile d'olive Bertolli, faites pénétrer en massant le cuir chevelu, puis enveloppez votre tête avec une serviette et installez-vous sous le séchoir. Un peu plus tard, lavez vos cheveux comme d'habitude.

◆ **Soulagez la douleur causée par une piqûre de méduse.** Appliquez de l'huile d'olive Bertolli pour un soulagement immédiat, puis consultez un médecin.

◆ **Soulagez le mal d'oreille.** Chauffez puis faites couler dans l'oreille quelques gouttes d'huile d'olive Bertolli. Mettez une boule de ouate et appliquez une bouillotte d'eau chaude.

◆ **Soulagez les bursites.** Massez l'épaule ou le haut du bras avec de l'huile d'olive Bertolli chaude.

◆ **Rajeunissez les fougères et les palmiers.** Chaque mois, ajoutez deux cuillères à soupe d'huile d'olive Bertolli à la base de la plante.

◆ **Soulagez la constipation.** Prenez une à trois cuillères à soupe d'huile d'olive Bertolli pour obtenir le même effet qu'un laxatif léger.

INVENTION
3300 av. J.-C.

LE NOM
La famille Bertolli donna son nom à l'huile d'olive qu'elle commença à produire il y a plus de cent ans.

UNE BRÈVE HISTOIRE
L'huile d'olive est une huile comestible et parfumée qu'on obtient en pressant et en écrasant les olives. Dès 3300 av. J.-C., les villageois des îles de la mer Égée vendaient de l'huile d'olive aux Grecs du continent et aux Crétois. Aujourd'hui, c'est l'Italie qui est le plus grand producteur mondial d'huile d'olive, suivie par l'Espagne et la Grèce. L'histoire de l'entreprise Bertolli commence en 1870 près de Lucca, en Italie, où la famille exploitait un petit magasin général où l'on trouvait des produits locaux comme de l'huile, du fromage, du vin et des olives. Cinq ans plus tard, Francesco Bertolli, le chef de la famille, fonda une banque qui, sans exiger de garanties, accordait des prêts aux émigrants qui voulaient aller en Amérique. Ces émigrants devinrent les premiers importateurs d'huile d'olive Bertolli.

INGRÉDIENTS
Huile d'olive (100 %).

SAVIEZ-VOUS QUE...?
◆ Olive Oyl est le nom de la petite amie de Popeye le vrai marin.
◆ Selon le Talmud, vers l'an 165 avant notre ère, une petite urne d'huile d'olive brûla durant huit jours dans le temple de Jérusalem, ce qui étonna beaucoup les Maccabées (l'armée juive qui venait tout juste de reprendre la ville aux Syriens). La fête juive Hanoukka (fête des Lumières) célèbre ce miracle.

◆ Dans les temps anciens, en Égypte et en Grèce, on conseillait aux femmes d'insérer de l'huile d'olive dans leur vagin pour servir de contraceptif. On croyait — à tort, bien sûr — que l'huile d'olive empêchait le sperme de pénétrer dans l'utérus.

◆ En Italie, Bertolli embouteille quelque 90 millions de litres d'olives par année.

DISTRIBUTION

◆ L'huile d'olive Bertolli est offerte sous les formes suivantes : Classico, Extra-vierge et Extra-légère.

◆ Bertolli est aujourd'hui le leader en ce qui a trait à la vente d'huile d'olive aux États-Unis, au Canada, au Bénélux, au Japon et en Australie. L'entreprise exporte également ses produits en Allemagne, en Angleterre, dans les pays scandinaves, en Amérique de Sud et en Extrême-Orient.

◆ On trouve d'autres produits Bertolli au Canada : des pâtes, des vinaigrettes, du vinaigre de vin, du vinaigre balsamique, des tomates pelées et des légumes en conserve.

POUR PLUS D'INFORMATION

Bertolli Canada inc. : 1 800 563-3554.

BOUNCE

◆ **Éloignez les maringouins.** Attachez à votre ceinture une feuille de Bounce quand vous sortez durant la saison des maringouins.

◆ **Éliminez l'électricité statique sur l'écran du téléviseur.** Bounce est conçu pour éliminer les effets de l'électricité statique. Utilisez une feuille de Bounce usagée pour épousseter l'écran. Cela empêchera la poussière d'y adhérer de nouveau.

◆ **Faites disparaître les résidus de savon sur les portes de douche.** Nettoyez avec une feuille usagée de Bounce.

◆ **Rafraîchissez l'air de la maison.** Placez une feuille de Bounce dans un tiroir ou suspendez-en une dans une garde-robe.

◆ **Empêchez le fil à coudre de s'entortiller.** Passez l'aiguille à coudre et le fil dans une feuille de Bounce pliée. Cela éliminera l'électricité statique.

◆ **Éliminez l'électricité statique des bas de nylon.** Frottez une feuille de Bounce humide sur les bas.

◆ **Prévenez l'odeur de moisi dans les valises.** Placez une feuille de Bounce dans les valises avant de les entreposer.

◆ **Rafraîchissez l'air dans votre automobile.** Placez une feuille de Bounce sous le siège avant.

◆ **Nettoyez les aliments collés dans une poêle.** Déposez une feuille de Bounce dans la poêle, remplissez-la d'eau, laissez reposer durant la nuit, puis nettoyez avec une éponge. Il semble que les ingrédients antistatiques de Bounce affaiblissent l'adhérence des aliments à la poêle alors que les composants assouplissants facilitent leur dissolution.

◆ **Éliminez la mauvaise odeur des paniers à déchets.** Placez une feuille de Bounce dans le fond du panier.

◆ **Ramassez les poils de chat.** En frottant une surface avec une feuille de Bounce, on produit un effet magnétique qui attire les poils de chat.

◆ **Éliminez l'électricité statique sur les stores vénitiens.** Frottez les stores avec une feuille de Bounce usagée pour empêcher la poussière d'y adhérer de nouveau.

◆ **Ramassez la sciure.** On peut ramasser facilement la sciure avec une feuille usagée de Bounce.

◆ **Éliminez la mauvaise odeur dans la lessive.** Placez une feuille de Bounce dans le fond du sac ou du panier qui contient la lessive.

◆ **Désodorisez souliers et espadrilles.** Le soir, placez une feuille de Bounce dans les chaussures. Au matin elles auront une odeur fraîche.

INVENTION
1972

LE NOM
Bounce est employé dans le sens de «rebondir» pour illustrer comment une feuille du produit «rebondit» de vêtement en vêtement durant le cycle de séchage, déposant ainsi les ingrédients adoucissants.

UNE BRÈVE HISTOIRE
Quand les vêtements secs se frottent les uns aux autres dans la sécheuse, les électrons d'un tissu se déposent sur un autre, créant ainsi de l'électricité statique. Quand un tissu comporte plus d'électrons qu'un autre, les deux morceaux se collent littéralement. Pour éliminer ce phénomène, Procter & Gamble a inventé Bounce. Le produit agit comme un conducteur et distribue des molécules d'adoucissants qui donnent aux surfaces des caractéristiques identiques, empêchant le transfert d'électrons.

INGRÉDIENTS
Des agents assouplissants, un agent antistatique et un agent permettant une meilleure distribution des ingrédients, le tout dans un morceau de tissu non tissé.

SAVIEZ-VOUS QUE...?

◆ Une feuille de Bounce est faite de rayonne non poreuse, un tissu fabriqué avec de la viscose.

◆ Lorsqu'on utilise Bounce, le repassage se fait plus facilement. En effet, les agents assouplissants contribuent à lisser les fibres des vêtements et à empêcher les faux plis en plus d'aider le fer à bien glisser.

DISTRIBUTION

◆ On trouve Bounce dans plus d'une maison sur quatre aux États-Unis. (Quatre-vingt-cinq pour cent des foyers américains utilisent un assouplissant et, parmi ceux-ci, 78 % préfèrent Bounce.)

◆ Le produit se présente sous les formes suivantes : Bounce fraîche senteur de grand air, Ultra Bounce fraîche senteur de grand air, Ultra Bounce nature, Ultra Bounce toujours frais, Ultra Bounce brise d'été et Ultra Bounce résistache.

POUR PLUS D'INFORMATION

Procter & Gamble inc. : 1 800 668-0198.

CAMEO

BAS-CULOTTES

◆ **Récupérez une lentille cornéenne perdue sur le plancher ou un tapis.** Recouvrez le bout du tuyau de l'aspirateur avec un bas Cameo et fixez-le bien avec une bande élastique. Faites fonctionner l'aspirateur en tenant le bout du tuyau à un centimètre au-dessus du plancher.

◆ **Filtrez la peinture et éliminez les grumeaux.** Glissez un bas Cameo sur la boîte de peinture et versez.

◆ **Cirez un plancher de bois.** Insérez une serviette de bain pliée dans un bas et frottez le plancher.

◆ **Appliquez facilement teinture, vernis ou polyuréthane sur le bois.** Les bas Cameo constituent un substitut idéal pour les pinceaux. Faites une boule avec le bas et utilisez-le comme une éponge ou installez-le au bout d'un bâton en le fixant bien avec plusieurs bandes élastiques.

◆ **Nettoyez les prothèses dentaires.** Découpez un petit morceau du bas et polissez la prothèse.

◆ **Savonnez-vous le dos.** Placez un pain de savon dans un bas Cameo à la hauteur du genou et faites un nœud de chaque côté. Prenez chaque extrémité dans une main et frottez votre dos.

◆ **Empêchez la mousse d'adhérer aux vêtements durant le séchage.** Ajoutez une paire de bas Cameo à vos vêtements humides.

◆ **Fixez solidement les sacs à déchets dans la poubelle.** Découpez la bande élastique d'un bas Cameo et étirez cette large bande autour du rebord de la poubelle pour maintenir le sac de plastique bien en place.

◆ **Enlevez le surplus de plâtre après avoir comblé un trou dans un mur.** Faites une boule avec une paire de bas Cameo et frottez énergiquement la surface.

◆ **Faites une balle d'herbe pour les chats.** Remplissez la pointe d'un bas Cameo avec de l'herbe aux chats et faites un nœud.

◆ **Enlevez la poussière de moustiquaires.** Passez sur la moustiquaire une paire de bas Cameo roulée en boule.

◆ **Lavez les bouteilles.** Entourez une brosse pour bouteilles d'une section de bas Cameo, fixez avec une bande élastique et frottez.

◆ **Fabriquez un sachet pour les boules à mites.** Mettez les boules à mites dans un bas Cameo.

◆ **Entreposez bulbes, oignons ou gousses d'ail.** Remplissez le pied d'un bas Cameo et laissez pendre de haut pour assurer que le contenu demeure sec.

◆ **Nettoyez la baignoire, le lavabo et les tuiles dans la salle de bains.** Faites une boule avec une paire de bas Cameo et utilisez comme un tampon à récurer non abrasif.

◆ **Attachez un plant de tomates au tuteur.** Le nylon, souple et doux, fixe bien le plant au tuteur et ne lui cause aucun dommage.

◆ **Nettoyez les fenêtres.** Utilisez une paire de bas Cameo roulée en boule.

◆ **Enlevez la poussière sous le réfrigérateur.** Placez un bas au bout d'un manche à balai et fixez-le avec une bande élastique. Glissez le balai sous le réfrigérateur avec un mouvement de va-et-vient.

◆ **Empêchez l'écoulement du sol dans un pot à fleurs.** Déposez une paire de bas Cameo dans le fond d'un pot.

◆ **Enlevez les insectes morts sur le capot d'un véhicule.** Utilisez une paire de bas Cameo humide, chiffonnée en boule, pour nettoyer le capot sans égratigner le lustre de la peinture.

INVENTION
Dans les années 1960.

LE NOM
Le mot Cameo signifie «camée». Les bas Cameo, tel un camée monté en broche, mettent en valeur les jambes des femmes qui les portent.

UNE BRÈVE HISTOIRE

En 1901, à Winston-Salem, en Caroline-du-Nord, John Wesley Hanes fonda l'entreprise Shamrock Mills, qui produisait des bas pour hommes. En 1914, l'entreprise fut rebaptisée Hanes Hosiery Mills Company et en 1918 elle commença à fabriquer exclusivement des bas pour femmes. Au même moment, le frère de John Wesley Hanes, P. H. «Pleas» Hanes, fonda la P. H. Hanes Knitting Company, se consacrant à la fabrication de sous-vêtements pour hommes. Fait intéressant à noter, le jalon financier des frères Hanes provenait de la vente, au montant de 200 000 $, de leur compagnie de chique de tabac à une autre compagnie locale, R.J. Reynolds Tobacco Company. En 1965, les entreprises des frères Hanes fusionnèrent pour former Hanes Company. En 1969, la compagnie lança les bas-culottes L'eggs, dans leur emballage ovoïde caractéristique. Plus récemment, en 1993, la société Les Bas Sara Lee Canada ltée s'est portée acquéreur de la marque Cameo.

INGRÉDIENTS

CULOTTE: nylon (83 %), spandex Lycra (17 %).
JAMBES: nylon (86 %), spandex Lycra (14 %).

SAVIEZ-VOUS QUE...?

◆ C'est la firme américaine DuPont de Nemours, première société de produits chimiques du monde, qui inventa le nylon, en 1938. L'année suivante, l'entreprise présenta les bas de nylon lors de l'Exposition universelle. Le 15 mai 1940, on trouvait ces bas dans les magasins.

◆ Dans les années 1960, la mode des minijupes contribua grandement à populariser le port du bas-culotte.

◆ Les bas L'eggs, fabriqués par la division américaine Sara Lee Hosiery, étaient les bas officiels des athlètes olympiques américaines en 1994 et 1996.

DISTRIBUTION

◆ L'entreprise Les Bas Sara Lee détient la plus grande part du marché mondial pour ce qui a trait à la fabrication et à la vente des bas-culottes.

◆ L'entreprise Les Bas Sara Lee Canada fabrique les produits connus sous les marques de commerce Cameo, WonderBra, Hanes, Hanes Her Way, de même que plusieurs marques privées.

POUR PLUS D'INFORMATION

Les Bas Sara Lee Canada ltée, 3195, chemin Bedford, Montréal (Québec) H3S 1G3. Téléphone : (514) 738-8081.

CLAIROL

HERBAL ESSENCES

◆ **Nettoyez les cernes de saleté sur les cols.** Les cernes que l'on trouve souvent sur les cols de chemises sont en fait des taches d'huile. En frottant le tissu avec un shampoing pour cheveux gras, on les fait disparaître.

◆ **Lavez la vaisselle.** Si vous n'avez plus de savon à vaisselle, lavez votre vaisselle dans l'évier avec Herbal Essences. C'est un produit idéal pour le camping puisqu'il est biodégradable.

◆ **Faites un bain moussant.** Versez un bouchon de Herbal Essences sous le jet d'eau dans la baignoire.

◆ **Nettoyez vos mains graisseuses.** Un peu de Herbal Essences dissout la saleté sur les mains.

◆ **Lavez votre automobile.** Ajoutez le contenu de deux

bouchons de Herbal Essences dans un seau d'eau et lavez votre automobile avec ce savon biodégradable.

◆ **Nettoyez peignes et brosses.** Versez le contenu d'un bouchon de Herbal Essences dans de l'eau chaude. Le shampoing dissout le sébum, laissant peignes et brosses bien propres.

◆ **Rasez-vous.** Pour remplacer votre mousse à raser, appliquez un peu de Herbal Essences sur la peau humide.

INVENTION
1971

LE NOM
Clairol est apparemment le fruit d'une combinaison du mot français «clair» et du suffixe «ol» pour *oil*, mot anglais signifiant «huile». L'appellation Herbal Essence, nom original du shampoing vert, voulait évoquer son parfum d'herbes et non pas ses ingrédients. En 1995, Clairol a développé une nouvelle formule pour son shampoing qui ne contient maintenant que des produits naturels et s'appelle dorénavant Herbal Essences.

UNE BRÈVE HISTOIRE
Le cuir chevelu sécrète un liquide huileux, le sébum, qui fait en sorte que la saleté adhère aux cheveux. Vers 1890, des chimistes allemands découvrirent les agents nettoyants qui agissent sur le sébum dans les cheveux. Cependant, les coiffeurs britanniques avaient déjà inventé le mot *shampoo*, un dérivé du mot indi *champoo* qui signifie «massage». Ils désignaient ainsi un mélange nettoyant composé d'eau, de savon et de soude. Par ailleurs, aux États-Unis, John Breck, capitaine de pompiers volontaires au Massachusetts, créa différentes formules de shampoing, dont un pour cheveux normaux en 1930 et d'autres pour cheveux secs ou gras en

1933. C'est pour profiter de la mode du retour à la nature chez les jeunes des années 1970 que Clairol inventa son shampoing vert Herbal Essence. En 1995, la compagnie créa toute une nouvelle gamme de shampoings. Composés exclusivement de produits biodégradables, d'herbes et de plantes, ainsi que d'eau de source de montagne, les nouveaux produits sont commercialisés sous le nom Herbal Essences.

INGRÉDIENTS

Eau, sulfate de laureth sodique, sulfate de lauryle sodique, cocoamydopropyle betaïne, extrait d'aloès vera, extrait de camomille, extrait de passiflore, cocoamide mea, chlorure de dihydroxypropyle PEG 5 linoleaminium, fragrance, acide citrique, DMDM hydantoïne, butylcarbamate d'yodopropynyle, orange nᵒ 4, extrait de violet nᵒ 2, jaune nᵒ 5 FDGC.

SAVIEZ-VOUS QUE...?

◆ Les shampoings Herbal Essences sont biodégradables. Ils sont fabriqués avec des produits naturels : herbes, plantes et divers ingrédients dérivés de plantes, toutes ressources qui sont renouvelables. Plantes et herbes sont cultivées de façon organique, c'est-à-dire sans utiliser de pesticides ou d'engrais chimiques.

◆ Clairol n'utilise pas de cobayes animaux pour tester Herbal Essences qui, d'ailleurs, ne contient aucun sous-produit d'origine animale.

◆ Les bouteilles transparentes décorées de dessins de fleurs et de plantes sont fabriquées en polyéthylène recyclable et contiennent 25 % de plastique polyéthylène recyclé.

◆ Herbal Essences appuie financièrement différents projets environnementaux destinés à protéger les forêts humides, les parcs et les espèces botaniques en voie de disparition.

DISTRIBUTION

Les shampoings Herbal Essences sont offerts en quatre formules : énergisant (églantine, vitamine E, jojoba), hydratant (camomille, aloès, passiflore), volumisant (souci, angélique, thym), clarifiant (romarin, jasmin, fleur d'oranger).

POUR PLUS D'INFORMATION

Clairol Canada : 1 800 Clairol.

COCA-COLA

◆ **Nettoyez la cuvette des toilettes.** Versez le contenu d'une canette de Coca-Cola dans la cuvette et laissez reposer une heure. Puis frottez la surface et tirez la chasse. Selon la journaliste américaine Heloise, spécialiste des conseils ménagers, l'acide citrique contenu dans le Coke dissout les taches sur la porcelaine vitreuse.

◆ **Enlevez la rouille sur les pare-chocs en chrome.** Chiffonnez un morceau de papier d'aluminium Reynolds et faites-le tremper dans du Coca-Cola. Frottez le pare-chocs. Selon Mary Ellen, une autre spécialiste des conseils ménagers, les taches de rouille disparaîtront.

◆ **Nettoyez la corrosion sur les bornes de batterie.** Versez tout simplement une canette de Coca-Cola sur les pointes de la batterie pour faire disparaître la corrosion. Un conseil de Heloise.

◆ **Cuisinez avec du Coca-Cola.** Sur demande, le Centre d'information aux consommateurs de Coca-Cola vous fera parvenir le recueil de recettes intitulé *International Cooking with Coca-Cola.* Vous y trouverez entre autres une recette de vinaigrette aux herbes et à la moutarde (vinaigrette «à l'italienne» qui requiert une demi-tasse de Coca-Cola), une trempette au fromage qu'on peut aussi utiliser pour faire des sandwichs (trois quarts de tasse de Coca-Cola) et une recette de chou aigre-doux (comportant une demi-tasse de Coca-Cola et de la graisse de bacon). Écrire à : Consumer Information Center, Coca-Cola USA, P.O. Drawer 1734, Atlanta, GA 30301.

◆ **Desserrez un boulon rouillé.** Mary Ellen suggère d'appliquer sur l'écrou, durant plusieurs minutes, un torchon imbibé de Coca-Cola.

◆ **Faites cuire un jambon bien tendre.** Versez le contenu d'une canette de Coca-Cola dans la lèchefrite, enveloppez le jambon dans du papier d'aluminium et mettez-le au four. Trente minutes avant que ne soit terminée la cuisson, enlevez le papier d'aluminium et versez le jus de cuisson dans la lèchefrite. Vous obtiendrez une riche et onctueuse sauce brune.

◆ **Faites disparaître la graisse des vêtements.** Ajoutez le contenu d'une canette de Coca-Cola à votre détergent habituel pour laver les vêtements de travail. Le Coca-Cola agit comme agent dissolvant.

INVENTION
8 mai 1886

LE NOM

Le comptable Frank M. Robinson, un des quatre parte-naires de l'inventeur, le docteur John Styth Pemberton, suggéra de nommer l'élixir à partir des deux principaux ingrédients de sa composition, la feuille de coca et la noix de cola. Robinson écrivit le nouveau nom en utilisant le style graphique Spencer qu'il pratiquait avec aisance. Les caractères actuels sont presque identiques.

UNE BRÈVE HISTOIRE

Le docteur John Styth Pemberton, inventeur de multiples potions, dont le sirop pour la toux «Globe of Flower», le colorant pour cheveux «Indian Queen Hair Dye», le médi-cament «Triplex Liver Pills» et «Extract of Styllinger», désirait fortement produire un sirop aussi populaire que le «Vin Mariani» un élixir fait de vin et de coca. Dans la cour arrière de sa maison, au 107 de la rue Marietta à Atlanta, en Géorgie, Pemberton inventa une concoction sirupeuse com-posée d'eau sucrée, d'extrait de noix de cola et de coca.

Pemberton proposa son nouveau sirop à Willis Venable, pharmacien propriétaire du Jacob's Drug Store, qui décida de mélanger le sirop avec de l'eau gazeuse. Les droits sur le nom et la formule changèrent de main à plusieurs reprises avant que Asa G. Candler ne les achète en 1888. Candler prit soin de garder la formule secrète et le 31 janvier 1891 enregistra légalement l'appellation Coca-Cola. La familière et typique bouteille fut dessinée par Alexander Samuelson, de la compagnie Root Glass, à Terre-Haute, en Indiana.

Depuis 1893, la recette originale du Coca-Cola ne fut modifiée qu'une seule fois, en 1985. Pepsi-Cola, pour la première fois de l'histoire, venait de surpasser en popularité son rival Coca-Cola aux États-Unis. La compagnie décida alors d'ajouter du sucre à la boisson gazeuse et baptisa le nouveau produit «New Coke». Les consommateurs protes-tèrent avec tant de véhémence contre le nouveau goût que la compagnie fut obligée de réintroduire l'ancien Coca-

Cola sous le nom de «Coke Classique». Quant au «New Coke», dont le lancement fut considéré comme le plus grand fiasco de mise en marché de la décennie, il disparut rapidement du marché.

INGRÉDIENTS

Eau gazéifiée, sucre/glucose-fructose, colorant au caramel, caféine, acide phosphorique, glycérine, huile de citron, huile d'orange, huile de lime, huile de cassier, huile de muscade, extrait de vanille, coca et cola.

SAVIEZ-VOUS QUE...?

◆ Les premières actions de Coca-Cola furent offertes au public en 1919 au prix de 40 $ l'action. En 1994, la valeur d'une de ces actions (incluant les dividendes versés) atteignait la somme de 118 192,76 $US.

◆ Selon la croyance populaire, un morceau de viande laissé toute une nuit dans un verre de Coca-Cola sera complètement dissous le lendemain matin. C'est faux. Un morceau de viande qui trempe pendant quelques heures dans du Coca-Cola en sortira mariné et beaucoup plus tendre.

◆ Durant les années 1960, la rengaine publicitaire de Coca-Cola fut interprétée par Roy Orbison, les Supremes, les Moody Blues, Ray Charles (en 1990, il prêta sa voix au Diet Pepsi), les Fifth Dimension, Aretha Franklin ainsi que Gladys Knight and the Pips. Au Québec, dans les années 1980, Céline Dion fit la promotion de Coke Diète. Le personnage d'Obélix aussi constitua un bon véhicule promotionnel pour les produits Coke Diète à la fin de cette décennie.

◆ «Le Monde de Coca-Cola», un édifice de trois étages à Atlanta, présente des expositions diverses. On peut y voir plus de 1000 objets et souvenirs, dont le cahier manuscrit contenant les recettes originales de John Pemberton, mais aussi des distributeurs de soda anciens et futuristes, une description du processus d'embouteillage, des échantillons de tous les Coca-Cola du monde et une série de messages publicitaires.

◆ Si on alignait toutes les bouteilles (format régulier) produites depuis le début, cela formerait une ligne équivalant à 1045 fois la distance aller-retour entre la Terre et la Lune. Ce qui représente un voyage chaque jour durant deux ans, dix mois et onze jours.

◆ «Bon jusqu'à la dernière goutte», célèbre slogan publicitaire du café Maxwell House, fut d'abord utilisé par Coca-Cola en 1908.

◆ Une douche vaginale avec du Coca-Cola qu'on a brassé auparavant était considérée comme un moyen efficace de contraception dans les milieux non instruits. C'est complètement faux.

DISTRIBUTION

◆ En 1993, on a consommé, dans le monde, environ 705 millions d'unités de Coke, ou d'autres boissons gazeuses fabriquées par Coca-Cola, par jour.

◆ En 1992, on vendit 9 034,6 millions de litres de Coca-Cola Classique dans le monde.

◆ À l'échelle planétaire, il se vend deux Coca-Cola pour chaque Pepsi.

◆ Le Coca-Cola se vend sous différentes formes : Coca-Cola Classique, Coca-Cola Classique sans caféine, Coke Diète et Coke Diète sans caféine.

POUR PLUS D'INFORMATION

Coca-Cola ltée : 1 800 438-2653.

COLGATE

Polissez l'argenterie, l'or et l'argent. Colgate fera reluire or et argent. Rincez complètement après usage.

Nettoyez les touches de piano. Pressez un peu de Colgate sur un linge humide et frottez bien les touches du piano. Essuyez, puis, avec un linge doux et sec, polissez doucement. Après tout, les touches d'ivoire ne viennent-elles pas des défenses d'éléphant?

Nettoyez les taches d'encre sur du tissu. Mettez un peu de Colgate sur la tache, frottez énergiquement, puis rincez.

Asséchez les boutons causés par l'acné. Appliquez un peu de Colgate sur les boutons.

Faites disparaître les marques de crayon sur les murs. Avec une vieille brosse à dents, frottez du Colgate sur les marques.

Éliminez les égratignures sur la verrerie. Polissez avec un peu de Colgate.

Désodorisez des mains malodorantes. Avec un filet de quelques centimètres de Colgate, frottez-vous les mains sous l'eau courante.

Faites disparaître les moustaches de Kool-Aid sur le visage des enfants. Frottez avec du Colgate et rincez bien.

◆ **Désodorisez les biberons.** En brossant énergiquement avec du Colgate, on fait disparaître l'odeur de lait sur dans les biberons.

◆ **Enlevez les éraflures sur les chaussures.** Appliquez un peu de Colgate avec un tissu, frottez et essuyez.

◆ **Nettoyez le goudron sur la peau.** Frottez la peau avec un peu de Colgate.

◆ **Réparez les petits trous dans les murs.** Remplissez les trous ou les brèches dans un mur de plâtre avec du Colgate si vous n'avez pas d'autre produit sous la main. Laissez sécher avant de peindre la surface réparée.

INVENTION
1896

LE NOM
La compagnie Colgate nomma ainsi son dentifrice blanc d'après le nom de son fondateur, William Colgate.

UNE BRÈVE HISTOIRE
William Colgate fonda la compagnie qui porte son nom en 1806. Il installa sa fabrique d'empois, de savon et de chan-

delles dans la rue Dutch, à New York. En 1896, sous la présidence du fils Colgate, Samuel, la compagnie lança sur le marché le «Colgate Dental Cream», premier dentifrice vendu en tube métallique souple. En 1968, Colgate modifia la composition du produit en y ajoutant du monofluorophosphate (MFP), considéré comme la meilleure protection contre la carie dentaire.

INGRÉDIENTS

Fluorure de sodium 0,243 % p/p, pyrophosphate de tétrapotassium 6,2 % p/p.

SAVIEZ-VOUS QUE...?

◆ Selon Larry Devlin, un agent de la CIA à qui on avait ordonné d'assassiner Patrice Lumumba, premier ministre déchu du Congo belge, la CIA emploie du dentifrice empoisonné pour tuer. En 1993, Devlin raconta au magazine *Time* qu'il avait reçu des «instructions pour éliminer Lumumba... On m'a fourni différentes pièces d'équipement, dont du dentifrice empoisonné, mais je ne les ai jamais utilisées».

◆ Tout ce qui dégage une odeur d'aliment attire les ours. Quand on fait du camping sauvage dans une région où il y a des ours, il est prudent de ranger nourriture, savon et dentifrice dans un sac hermétique qu'on suspend à une corde tendue entre deux arbres à une hauteur de six mètres.

◆ Selon une enquête menée aux États-Unis, 72 % des Américains pressent le haut du tube pour faire sortir le dentifrice.

DISTRIBUTION

◆ Colgate est la marque de dentifrice la plus populaire dans le monde.

◆ Le dentifrice Colgate est offert sous les formes suivantes : Colgate populaire, Colgate menthe fraîche, Colgate gelée, Colgate antitartre, Colgate antitartre gelée, Colgate bicarbonate de soude et Colgate pâte antitartre.

POUR PLUS D'INFORMATION

Colgate-Palmolive Canada inc. : 1 800 268-6757.

DANONE
YOGOURT

◆ **Atténuez la douleur due aux insolations.** Étendez une couche de yogourt sur la brûlure, laissez une vingtaine de minutes, puis rincez avec de l'eau tiède.

◆ **Réduisez la fréquence des infections fongiques.** Des recherches médicales indiquent que la consommation quotidienne de yogourt contenant des cultures de *Lactobacillus casei* réduit de 300 % l'occurrence des vaginites d'origine fongique.

◆ **Accroissez votre résistance immunitaire.** Selon le *International Journal of Immunotherapy*, le yogourt qui contient des cultures actives renforce le système immunitaire du corps en accroissant la production d'interféron gamma qui joue un rôle clé dans la lutte contre certaines allergies et infections virales. D'autres études soutiennent que le yogourt aide à prévenir les infections gastro-intestinales. En effet, l'acide lactique empêche la croissance d'éléments pathogènes contenus dans les aliments; le yogourt produit aussi des substances bactériennes qui contribuent à restaurer l'équilibre de la flore intestinale.

◆ **Empêchez la diarrhée pendant un traitement aux antibiotiques.** Mangez du yogourt Danone avec cultures actives lorsque vous prenez des antibiotiques. Ceux-ci détruisent non seulement les bactéries pathogènes, mais aussi des bactéries utiles. L'action du *Lactobacillus casei* combat la destruction des bactéries utiles par le médicament.

◆ **Nettoyez votre peau et raffermissez-en les pores.** Étendez du yogourt Danone sur la peau du visage. Après vingt minutes, lavez avec de l'eau tiède.

◆ **Guérissez la vaginite.** Utilisez une poire à jus pour injecter le yogourt dans le vagin. Plusieurs femmes, citées dans le livre *The New Our Bodies, Ourselves*, soutiennent que le yogourt dans le vagin guérit l'infection à *Candida albicans*.

◆ **Calmez la douleur due aux inflammations ulcéreuses.** Mangez chaque jour deux portions de yogourt Danone jusqu'à la disparition des inflammations.

◆ **Faites du fromage.** Le fromage à base de yogourt possède la même texture que le fromage à la crème, mais contient beaucoup moins de matières grasses. Idéal avec les bagels, le pain rôti ou les craquelins. Le fromage au yogourt constitue aussi un substitut idéal, faible en calories, en cholestérol et en gras, pour la recette traditionnelle de gâteau au fromage. Pour faire environ une tasse de fromage, versez un kilo de yogourt dans une passoire fine dont l'intérieur est recouvert d'une double épaisseur d'étamine, d'un filtre à café ou d'une passoire à yogourt. Placez votre passoire au-dessus d'un bol dans lequel coulera le petit-lait. Couvrez bien le yogourt et réfrigérez-le de 8 à 24 heures. La texture variera en fonction de la longueur de la période de drainage. Conservez le petit-lait particulièrement riche en calcium pour les soupes ou les sauces.

INVENTION
1919

LE NOM
Le nom vient de la raison sociale de l'entreprise espagnole fondée par le docteur Isaac Carasso qui choisit ce nom en l'honneur de son fils Daniel. Danone signifie «petit Daniel». Lorsque ce dernier installa l'entreprise aux États-Unis en 1942, il américanisa le nom en adoptant la graphie «Dannon».

UNE BRÈVE HISTOIRE
On croit que la fabrication du yogourt débuta à l'époque biblique. Nourriture de base au Moyen-Orient, le yogourt est introduit en Europe au XVIe siècle. C'est le docteur Carasso qui élabora en 1919, en Espagne, le premier processus de fabrication industrielle du yogourt en utilisant des cultures bactériologiques développées par l'Institut Pasteur de Paris. À la suite d'un voyage en France où il découvrit le yogourt, Jude Delisle, né à Trois-Rivières en 1888, voulut en fabriquer au Canada et installa sa petite entreprise à Montréal en 1931. C'est l'Institut Pasteur qui

lui fournit les cultures lactiques et le savoir-faire. En 1963, l'entreprise fut vendue à Leslie Jonas, 30 ans, diplômé en administration de l'université Harvard. En 1993, Delisle se joignit au groupe BSN (Boussois-Souchon-Neuvetel) qui est propriétaire d'usines de produits laitiers dans 16 pays d'Europe et 10 autres pays ailleurs dans le monde. En 1994, BSN changea son nom et devint le «Groupe Danone».

INGRÉDIENTS

Lait écrémé, cultures bactériennes actives de yogourt et de *Lactobacillus casei,* amidon modifié, concentré protéique de lactosérum, gélatine.

SAVIEZ-VOUS QUE...?

◆ Le yogourt n'est en fait qu'une culture de lait. En ajoutant des cultures actives au lait, on transforme le lactose en acide lactique. Pour qu'un produit ait le droit de s'appeler yogourt, les autorités gouvernementales exigent l'utilisation de deux cultures actives, *Lactobacillus bulgaricus* et *Streptococcus thermophilus*. Dans les yogourts Danone, on ajoute aussi la bactérie *Lactobacillus casei*.

◆ La recherche scientifique a découvert que les cultures actives augmentent la résistance du système immunitaire et aide l'organisme à digérer les protéines et le lactose.

◆ Lorqu'il a débuté en 1931, Jude Delisle fabriquait environ 20 pots de yogourt par jour, qu'il livrait lui-même, à bicyclette, à ses clients, surtout des médecins, des prêtres et des religieuses.

◆ Le yogourt est particulièrement utile pour tous ceux qui ne tolèrent pas le lait (50 millions aux États-Unis) parce qu'ils ne peuvent digérer le lactose, principal élément sucré contenu dans le lait. Les personnes allergiques au lactose peuvent consommer du yogourt Danone parce qu'il contient un niveau élevé de cultures actives; ces personnes peuvent ainsi profiter de toutes les propriétés nutritives du lait.

◆ Le yogourt contient presque une fois et demie plus de

◆ Le yogourt contient presque une fois et demie plus de calcium que le lait. Une seule portion de yogourt Danone fournit entre 25 % et 40 % des besoins quotidiens en calcium.

◆ En 1992, des chercheurs de la Faculté de médecine de l'université de la Californie du Sud ont découvert qu'une personne qui consomme du yogourt, ne serait-ce que trois ou quatre fois par mois, était beaucoup moins susceptible de développer le cancer du colon.

DISTRIBUTION

◆ En 1993, les ventes nettes des produits Delisle s'élevèrent à 66 millions de dollars canadiens (ce qui équivaut à 21,4 millions de kilogrammes). Le yogourt représentait 85 % de ce volume.

◆ Il existe de nombreuses saveurs de produits Danone.

POUR PLUS D'INFORMATION

Danone inc. : 1 800 DANONE-8.

EFFERDENT

◆ **Nettoyez la cuvette des toilettes.** Faites dissoudre plusieurs comprimés Efferdent dans la cuvette, brossez la paroi et tirez la chasse.

◆ **Polissez vos diamants.** Mettez les diamants durant deux minutes dans un verre d'eau avec un comprimé Efferdent.

◆ **Nettoyez les thermos.** Emplissez le thermos d'eau et ajoutez trois comprimés Efferdent. Laissez tremper une heure ou plus si nécessaire.

◆ **Débouchez l'évier.** Déposez trois comprimés Efferdent dans l'évier. Laissez reposer toute une nuit.

◆ **Nettoyez vos vases.** Pour nettoyer les taches dans le fond d'un vase en verre, emplissez-le d'eau et ajoutez un comprimé Efferdent.

◆ **Nettoyez les enjoliveurs de roue.** Faites dissoudre un comprimé dans un verre d'eau. Utilisez un linge pour appliquer le mélange pétillant sur les enjoliveurs, puis nettoyez avec de l'eau.

INVENTION
1966

LE NOM
Efferdent est une contraction de deux mots anglais, *effervesce*, «être en effervescence», et *dentures*, «prothèses dentaires».

UNE BRÈVE HISTOIRE

Ce sont les Étrusques qui fabriquèrent les premières prothèses dentaires, utilisant de la pierre sculptée, du bois et des
dents d'animaux. Durant des siècles, ce furent des artisans
spécialisés qui créèrent les prothèses, incorporant souvent
de l'or, de l'argent ou de l'ivoire. En 1851, on découvrit le
phénomène de vulcanisation qui provoque la solidification
de la sève de certaines plantes tropicales, produisant ce que
nous appelons maintenant le caoutchouc. On se mit alors à
utiliser ce nouveau matériau pour fabriquer des bases dans
lesquelles on plantait
des dents de porce-
laine. Depuis la Se-
conde Guerre mon-
diale, le caoutchouc
et la porcelaine ont
été remplacés par
des plastiques acryli-
ques. Comme avec
les dents naturelles,
le tartre forme des
dépôts sur les pro-
thèses, produisant la
mauvaise haleine et
des taches. Dans le
passé, on brossait les
prothèses avec du denti-
frice, jusqu'à ce que Warner-Lambert invente le premier
comprimé effervescent pour les nettoyer.

INGRÉDIENTS

Efferdent contient du bicarbonate de soude pur Arm &
Hammer/Cow Brand pour aider à nettoyer et désodoriser. Il
contient également d'autres agents nettoyants qui éliminent
99,9 % des bactéries causant les odeurs et l'accumulation
de plaque.

SAVIEZ-VOUS QUE...?

◆ En 1993, les Américains ont acheté plus de trois milliards de comprimés effervescents servant à nettoyer les prothèses.

◆ Efferdent détruit 99,9 % des bactéries qui causent la mauvaise haleine.

◆ Paul Revere, un des grands héros de la Révolution américaine, célèbre pour sa chevauchée de nuit entre Boston et Lexington pour annoncer l'invasion des Britanniques, était un fabricant de prothèses dentaires. Il utilisait principalement l'or et l'ivoire.

◆ George Washington, le premier président américain, possédait au moins une paire de prothèses en bois. Il n'a jamais utilisé Efferdent.

DISTRIBUTION

◆ Efferdent produit chaque jour de cinq à sept millions de comprimés.

◆ Les produits pour nettoyer les prothèses dentaires comprennent des comprimés effervescents, des pâtes, des gels et des mousses. Les comprimés constituent 81 % des ventes. En 1994, Efferdent était la première marque de comprimés avec 38 % du marché, suivie de Polident avec une part de 28 %.

POUR PLUS D'INFORMATION

Warner-Lambert Canada inc. : 1 800 361-6933.

ELMER'S
COLLE

◆ **Retirez une écharde.** Déposez une goutte de colle Elmer's sur l'écharde et attendez qu'elle sèche. Enlevez la petite couche de colle; l'écharde y restera collée.

◆ **Scellez des plantes.** Les jardiniers utilisent la colle Elmer's pour obturer le bout des branches ou des tiges émondées, les protégeant ainsi contre les insectes ou une perte trop importante d'humidité.

◆ **Empêchez un lacet cassé de s'effilocher.** Trempez le bout du lacet dans la colle Elmer's.

◆ **Bouchez les petits trous dans les murs.** Avant de peindre, remplissez les petits trous causés par les clous avec un peu de colle Elmer's.

◆ **Faites une pâte à modeler qui sèche sans cuisson.** Mélangez des quantités égales de colle Elmer's, de farine et de fécule de maïs. Pétrissez énergiquement. Si la pâte est trop sèche, ajoutez un peu de colle. Si elle est trop humide, ajoutez plus de farine et de fécule de maïs. Si désiré, ajoutez un colorant alimentaire. Pratique pour modeler petits animaux, figurines diverses, décorations ou bijoux. La pâte se conserve plusieurs semaines dans un sac Ziploc.

◆ **Réparez un trou de vis.** Quand un trou de vis est trop usé pour que la vis tienne solidement, insérez-y une petite boule de ouate trempée dans de la colle Elmer's. Laissez sécher durant 24 heures, puis mettez une nouvelle vis.

◆ **Sculptez des vêtements.** Mélangez de l'eau et de la colle Elmer's dans un bol jusqu'à ce que vous atteigniez la consistance désirée. On peut alors donner aux tissus trempés dans ce mélange toutes sortes de formes décoratives qu'ils conserveront après séchage.

◆ **Apprenez aux enfants à écrire leur nom.** Écrivez le nom de l'enfant sur une feuille de papier, puis recouvrez ces lettres avec un filet de la colle Elmer's. Une fois séchée, la colle forme un mot en relief que les enfants peuvent suivre avec leurs doigts. Cela les aide à se familiariser avec la forme des lettres.

INVENTION
1947

LE NOM
En 1936, Borden lança une campagne publicitaire qui mettait en vedette des vaches en personnages de bandes dessinées. Parmi elles, Elsie, «vache porte-parole» pour les produits laitiers que distribuait Borden. La popularité d'Elsie fut tellement grande que, l'année suivante, Borden décida de transformer une véritable vache en Elsie et de la mettre en vedette dans son pavillon de l'Exposition internationale. Cette ruminante portait le doux nom de

«You'll Do Lobelia», était âgée de sept ans et venait de Brookfield, au Massachusetts. La mascotte Elsie trônait dans une grange transformée en boudoir meublé d'objets bizarres et drôles : des bidons de lait servant de tables, des lampes faites avec des bouteilles de lait, une brouette faisant office de chaise longue. Au mur, divers tableaux représentaient les ancêtres d'Elsie, dont la grande tante Bess dans sa robe de mariée, et l'oncle Bosworth, célèbre amiral de la guerre entre les États-Unis et l'Espagne. Ce succès attira l'attention des studios RKO qui engagèrent Elsie pour jouer avec Jack Oakie et Kay Francis dans le film *Little Men*. Forcée de trouver une autre vache pour son pavillon, Borden décida de remplacer Elsie par son mari, Elmer. Quant au boudoir, il se transforma magiquement en appartement de célibataire dont le décor évoquait d'interminables parties de poker. En 1951, Borden décida de faire d'Elmer le symbole de tous ses produits adhésifs.

UNE BRÈVE HISTOIRE

En 1929, Borden se porta acquéreur de la firme Casein Company of America, le principal producteur de colles à base de caséine, un sous-produit du lait. Casco Glue, le premier produit non alimentaire fabriqué par Borden, entra sur le marché en 1932. Après la Seconde Guerre mondiale, Borden commença à fabriquer des colles faites de résines synthétiques et sans caséine. À leur arrivée sur le marché en 1947, elles portaient le nom de Cascorez qui ornait un petit pot en verre de deux onces (56 g), avec lequel on fournissait un petit applicateur en bois. Les ventes ne commencèrent à décoller qu'en 1951, alors que Elmer, le mari d'Elsie, devint le symbole de la marque. L'année suivante apparut le contenant en plastique souple que l'on connaît maintenant, muni de son bouchon orange qui sert aussi d'applicateur.

INGRÉDIENTS

Acétate de polyvinyle et eau.

SAVIEZ-VOUS QUE...?

◆ La gamme Elmer comporte aujourd'hui plus de 150 types ou formats d'adhésifs, de produits à calfeutrer, etc.

◆ La vache Elsie et son mari, Elmer, ont eu deux rejetons : Beulah et Beauregard.

DISTRIBUTION

◆ Elmer's est la marque de colle la plus populaire aux États-Unis.

◆ L'usine qui fabrique la colle Elmer's à Bainbridge, dans l'État de New York, produit annuellement environ 35 millions de bouteilles de colle.

POUR PLUS D'INFORMATION

Les aliments Borden Canada : 1 800 361-8998.

GERITOL

◆ **Redonnez sa vigueur à une plante d'intérieur.** Deux fois par semaine, durant trois mois, versez deux cuillerées à soupe de Geritol dans la terre. Cette plante que vous croyiez perdue produira de nouvelles feuilles dès le premier mois de traitement.

◆ **Cirez vos souliers.** Quelques gouttes de Geritol sur un linge doux polissent les souliers de cuir bruns en quelques secondes.

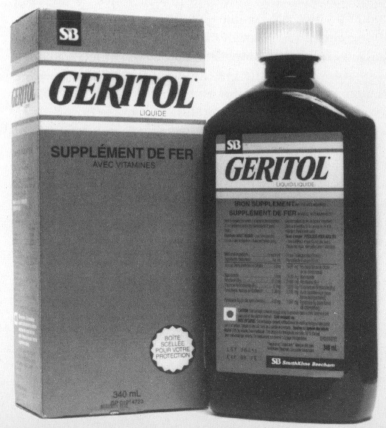

◆ **Faites disparaître les taches, les marques de verre et les égratignures légères des meubles en bois.** Appliquez Geritol sur les meubles avec de la ouate, essuyez le liquide en trop et polissez comme vous le faites normalement.

INVENTION
1950

LE NOM
Geritol semble être une contraction des mots «gériatrique» et «tolérance».

UNE BRÈVE HISTOIRE
Pharmaceuticals Inc. lança Geritol en 1950. Le nouveau produit fut présenté comme un traitement pour ceux dont la fatigue chronique pourrait être attribuée à une carence en fer. Deux célébrités, Ralph Bellamy et Ted Mack, vantèrent les qualités uniques de Geritol et en firent rapidement le premier supplément de fer aux États-Unis. J.B. Williams Company acheta Geritol et modifia la formule originelle en 1967 en y ajoutant sept vitamines. Le marché cible était celui des femmes dont le sang était pauvre en fer.

Geritol conserva sa première place jusqu'en 1979. De plus en plus préoccupé par les problèmes de santé, le consommateur commença à exiger des suppléments vitaminiques plus complets. Beecham prit le contrôle de J.B. Williams en 1982 et présenta son Geritol nouveau et amélioré qui contenait, outre le fer, neuf vitamines et divers minéraux. Nouvelle version en 1984, Geritol complet : fer, plus 29 vitamines et minéraux. Cette nouvelle formule situait le produit dans le nouveau marché des suppléments multivitaminés, position qui fut confortée en 1988 par l'ajout de bêtacarotène. L'année suivante, Beecham fusionna avec SmithKline Beckman et devint SmithKline Beecham. En

1993, la compagnie changea radicalement de créneau et transforma Geritol en supplément multivitaminique et multiminéral, réduisant des deux tiers la quantité de fer que contenait la formule originelle.

INGRÉDIENTS

Geritol contient du fer sous forme de citrate de fer ammoniacal, niacinamide, riboflavine, chlorydrate de thiamine (B1), acide pantothénique (sous forme de d-panthénol), pyridoxine B6 (sous forme de chlorydrate).

SAVIEZ-VOUS QUE...?

À l'origine, une dose de Geritol contenait deux fois plus de fer qu'une portion de 500 g de foie de veau. Aujourd'hui, il n'y a plus que deux tiers du fer contenu dans 500 g de foie de veau.

En 1956, Geritol commanditait le populaire quiz télévisé *Twenty-One*. Ce jeu inspira en 1994 le film de Robert Redford *Quiz Show* qui décrit le scandale qui éclata lorsqu'on découvrit que les producteurs de l'émission fournissaient les réponses à certains concurrents.

◆ En 1971, Geritol présenta un nouveau message publicitaire télévisé dont le slogan était : *My Wife, I Think I'll Keep Her* (Ma femme... je crois que je vais la garder), passé depuis dans le langage populaire. Mary-Chapin Carpenter s'en inspira en 1994 pour écrire sa chanson *He Thinks He'll Keep Her* (Il pense qu'il va la garder).

◆ La championne de Wimbledon Evonne Goolagong consommait des comprimés de Geritol durant ses matchs.

En 1989, le boxeur George Foreman déclara, après avoir lancé un défi au champion du monde des poids lourds, Mike Tyson : «Si je gagne, tous les quadragénaires du monde devraient trinquer avec leur bouteille de Geritol.»

Un comprimé de Geritol contient moins d'une calorie et est dépourvu de sodium, de sucre, de lactose, d'édulcorants artificiels ou d'agents de conservation.

◆ Lors d'un sondage effectué en 1994, les trois quarts des personnes interrogées disaient que Bob Barker, animateur de l'émission *The Price is Right*, était le présentateur de jeu télévisé le plus susceptible de prendre du Geritol.

DISTRIBUTION

◆ SmithKline Beecham vend plus de 300 produits dans 130 pays.

◆ Geritol représente moins de 2 % de ces ventes.

◆ L'entreprise vend aussi deux des dix médicaments les plus vendus dans le monde : Tagamet (contre les ulcères) et l'antibiotique Augmentin, mais aussi plusieurs produits usuels dont Contac, Tums, Sucrets, Aqua-Fresh et Brylcreem.

POUR PLUS D'INFORMATION

SmithKline Beecham : 1 800 268-4600.

HEINZ
VINAIGRE

◆ **Pour une traite organique des vaches :** nettoyez les machines à traire avec du détergent à vaisselle et rincez avec du vinaigre Heinz. Tuyaux, boyaux et cuves seront resplendissants de propreté et le lait contiendra moins de bactéries.

◆ **Tuez les bactéries dans la viande.** Faites mariner la viande dans du vinaigre Heinz pour tuer les bactéries et l'attendrir. Utilisez un quart de tasse de vinaigre pour un rôti d'un kilo à un kilo et demi; faites mariner durant huit heures et faites cuire avec la marinade. Au goût, ajoutez des herbes et des épices au vinaigre.

◆ **Faites disparaître les verrues.** Mêlez en une lotion une portion de vinaigre de cidre de pommes Heinz pour chaque portion de glycérine et appliquez une fois par jour jusqu'à dissolution des verrues.

◆ **Faites disparaître les taches tenaces des meubles rembourrés ou des vêtements.** Appliquez du vinaigre blanc Heinz sur les taches, puis lavez en suivant les instructions du manufacturier.

◆ **Pour avoir de magnifiques azalées :** arrosez le sol occasionnellement avec un mélange de deux cuillerées à soupe de vinaigre Heinz et un litre d'eau. Les azalées préfèrent les sols acides.

◆ **Soulagez les douleurs dues à l'arthrite.** Avant les repas, buvez un verre d'eau contenant deux cuillerées à thé de vinaigre de cidre de pommes Heinz. Ce médicament traditionnel commence à agir après trois semaines.

◆ **Tuez les herbes folles.** Versez du vinaigre blanc Heinz dans les crevasses ou entre les briques.

◆ **Faites disparaître les cors.** Composez un cataplasme avec un morceau de pain sec trempé dans un quart de tasse de vinaigre Heinz. Laissez reposer 30 minutes, puis pansez le cor. Laissez une nuit. Recommencez plusieurs fois si le cor ne se détache pas le lendemain matin.

◆ **Nettoyez les boyaux et faites disparaître les résidus de savon d'une machine à laver.** Une fois par mois, versez une tasse de vinaigre Heinz dans la machine à laver vide et effectuez un cycle normal.

◆ **Guérissez les maux d'estomac.** Buvez un verre d'eau contenant deux cuillerées à thé de vinaigre de cidre de pommes Heinz.

◆ **Tuez les germes dans la salle de bains.** Utilisez une partie de vinaigre Heinz pour chaque partie d'eau et vaporisez sur le plancher et la robinetterie de la salle de bains. Essuyez avec un linge.

◆ **Nettoyez les résidus de savon, la pourriture et la saleté dans la baignoire, sur les tuiles et les rideaux de douche.** Lavez les surfaces avec du vinaigre Heinz et rincez avec de l'eau.

◆ **Rafraîchissez l'air.** Le vinaigre Heinz est un rafraîchisseur d'air naturel. Il suffit de vaporiser le vinaigre dans la pièce.

◆ **Soulagez les démangeaisons.** Utilisez du coton ouaté

pour appliquer un peu de vinaigre Heinz sur les piqûres de moustiques ou d'autres insectes.

◆ **Nettoyez les dépôts calcaires dans les cafetières automatiques.** Chaque mois, remplissez la cuvette de vinaigre Heinz et faites fonctionner la cafetière normalement. Pour rincer, répétez le cycle deux fois avec de l'eau.

◆ **Soulagez les maux de gorge.** Versez deux cuillerées à thé de vinaigre Heinz dans l'humidificateur.

◆ **Soulagez la douleur causée par les brûlures dues au soleil.** Appliquez un peu de vinaigre Heinz sur la brûlure.

◆ **Nettoyez les taches d'aliments sur les poêles et les casseroles.** Versez du vinaigre Heinz et laissez reposer 30 minutes. Rincez avec de l'eau chaude savonneuse.

◆ **Enlevez la rouille sur les outils, les vis et les robinets.** Faites-les tremper durant une nuit dans du vinaigre Heinz.

◆ **Transformez un os de poulet... en caoutchouc!** Laissez tremper un os de poulet dans du vinaigre Heinz durant trois jours. Il se pliera comme du caoutchouc.

◆ **Empêchez les couleurs brillantes des vêtements de ternir.** Avant de laver le vêtement, faites-le tremper dans du vinaigre Heinz durant 10 minutes.

◆ **Nettoyez et désodorisez les broyeurs à déchets.** Mélangez une tasse de vinaigre Heinz avec assez d'eau pour emplir un bac à glaçons. Congelez le mélange. Passez les glaçons dans le broyeur, puis rincez à l'eau froide.

◆ **Nettoyez la cuvette des toilettes.** Versez une tasse de vinaigre blanc Heinz, laissez reposer cinq minutes et tirez la chasse.

◆ **Prévenez les infections vaginales.** Une douche vaginale avec une cuillère à soupe de vinaigre blanc Heinz dans un litre d'eau chaude rétablit l'équilibre du pH.

◆ **Nettoyez les prothèses dentaires.** Durant la nuit, laissez tremper les prothèses dans du vinaigre blanc Heinz. Enlevez le tartre avec une brosse à dents.

◆ **Enlevez des vêtements les taches dues à la transpiration.** Lavez avec un mélange d'une partie de vinaigre blanc Heinz pour quatre parties d'eau, puis rincez.

◆ **Faites disparaître l'odeur de cigarette ou de peinture dans une pièce.** Placez un petit bol de vinaigre blanc Heinz dans la pièce.

◆ **Guérissez le hoquet.** Buvez un mélange d'une tasse d'eau chaude et d'une cuillère à thé de vinaigre de cidre de pommes Heinz.

◆ **Éliminez les mauvaises odeurs dans les pots.** Rincez les pots de beurre d'arachide et de mayonnaise avec du vinaigre blanc Heinz.

Assouplissez les cheveux secs. Après le shampoing, rincez vos cheveux avec un mélange d'une tasse de vinaigre de cidre de pommes Heinz et deux tasses d'eau. Le vinaigre donne du lustre aux cheveux bruns, rétablit la protection acide et dissout les traces de savon et de sébum.

Faites disparaître les dépôts minéraux dans un fer à repasser. Remplissez le réservoir de vinaigre blanc Heinz. Mettez le fer en mode vapeur et repassez un torchon souple pour nettoyer les orifices. Répétez avec de l'eau, puis rincez vigoureusement l'intérieur du fer.

Enlevez les marques de brûlure légères des vêtements. Frottez doucement avec du vinaigre blanc Heinz et essuyez avec un linge propre.

Repoussez les fourmis. Utilisez un vaporisateur rempli de quantités égales de vinaigre Heinz et d'eau. Vaporisez autour des portes, des fenêtres, des conduites d'eau et dans les fissures des fondations.

Entretenez les drains. Versez une demi-boîte de bicarbonate de soude, puis une tasse de vinaigre blanc Heinz. Quand l'effervescence cesse, faites couler l'eau chaude.

Accroissez l'efficacité des lampes au propane. Faites tremper les mèches neuves durant plusieurs heures dans du vinaigre blanc Heinz. Séchez. Les mèches auront une plus longue durée et la flamme sera plus brillante.

Décollez les autocollants. Recouvrez les autocollants avec un linge imbibé de vinaigre Heinz. Laissez plusieurs minutes. Les autocollants devraient alors se décoller facilement.

◆ **Désodorisez un chandail de laine.** Après lavage, rincez avec un mélange d'égales quantités de vinaigre Heinz et d'eau.

◆ **Empêchez la mousse qui se forme lors du séchage d'adhérer aux vêtements.** Ajoutez une tasse de vinaigre Heinz à votre lavage.

◆ **Empêchez la glace de se former sur le pare-brise durant la nuit.** Aspergez généreusement le pare-brise d'un mélange composé de trois parties de vinaigre Heinz et d'une partie d'eau.

◆ **Prolongez la vie des fleurs coupées.** Ajoutez deux cuillerées à soupe de vinaigre blanc Heinz et trois cuillerées à soupe de sucre pour chaque litre d'eau chaude. Les tiges devraient tremper dans environ 10 cm d'eau.

◆ **Empêchez les œufs de craquer dans l'eau bouillante.** Ajoutez deux cuillerées à soupe de vinaigre blanc Heinz pour chaque litre d'eau. De plus, la coquille s'enlèvera plus rapidement et plus facilement.

◆ **Nettoyez les fenêtres.** Utilisez du vinaigre Heinz avec un vaporisateur. Essuyez avec un linge doux.

◆ **Éliminez les odeurs de cuisson dans la cuisine.** Faites bouillir une cuillère à soupe de vinaigre blanc Heinz dans une tasse d'eau.

◆ **Décollez le papier peint.** Faites un mélange de vinaigre Heinz et d'eau en quantités égales. Utilisez un rouleau à peinture pour imbiber toute la surface. Répétez l'opération. Le papier devrait se détacher facilement.

◆ **Faites disparaître les taches causées par l'urine d'animaux domestiques sur les tapis.** Enlevez l'urine avec du papier absorbant ou un torchon. Imbibez plusieurs fois la surface tachée avec de l'eau tiède. Appliquez un mélange d'eau froide et de vinaigre blanc Heinz en quantités égales. Asséchez la surface, rincez, puis laissez sécher.

◆ **Soignez le rhume.** Mélangez un quart de tasse de vinaigre de cidre de pommes Heinz et une même quantité de miel. Prenez une cuillerée à soupe de six à huit fois par jour.

◆ **Désodorisez la boîte à lunch.** Pour faire disparaître l'odeur de renfermé d'une boîte à lunch, déposez-y durant une nuit une serviette de papier imbibée de vinaigre Heinz.

◆ **Empêchez la formation de marques de savon sur la verrerie.** Placez une tasse de vinaigre blanc Heinz dans le bas de votre lave-vaisselle. Faites fonctionner cinq minutes, puis un cycle complet. La même quantité de vinaigre utilisée une fois par mois réduira les résidus savonneux qui s'accumulent dans les conduits.

◆ **Nettoyez les pommes de douche obstruées.** Mélangez des quantités égales de vinaigre Heinz et d'eau dans une casserole. Déposez-y la pomme de douche après avoir enlevé la rondelle de caoutchouc, amenez à ébullition, puis laissez mijoter durant cinq minutes.

◆ **Soulagez la toux.** Mélangez une demi-tasse de vinaigre de cidre de pommes Heinz, une demi-tasse d'eau, une cuillerée à thé de poivre de Cayenne et quatre cuillerées à soupe de miel. Prenez une cuillerée à soupe quand la toux se manifeste et la même quantité avant de vous coucher.

◆ **Retardez le séchage du plâtre.** Ajoutez une cuillerée à soupe de vinaigre blanc Heinz à l'eau avant de préparer votre plâtre.

INVENTION
1880

LE NOM
Vinaigre vient des mots «vin» et «aigre».

UNE BRÈVE HISTOIRE
On commença à faire du vin il y a 10 000 ans. Le premier vinaigre fut probablement du vin perdu. Cinq mille ans avant Jésus-Christ, les Babyloniens fabriquaient du vinaigre en faisant fermenter des palmes de dattier. Ils en amélioraient le goût en y ajoutant de l'estragon, de l'absinthe, de la lavande, de la menthe, du céleri ou du safran. Les premiers vinaigres Heinz, fabriqués sans agents conservateurs ni additifs, furent embouteillés en 1880. Le principal ingrédient du vinaigre est l'alcool. Contrairement à beaucoup de vinaigres peu chers dont le contenu d'alcool provient du pétrole, Heinz n'utilise que du maïs mûri naturellement, des pommes et de l'eau.

INGRÉDIENTS
Vinaigre blanc distillé : grains mûris naturellement et dilués

dans l'eau pour atteindre le niveau idéal pour la table ou la marinade de 5 % d'acidité. Vinaigre de cidre de pommes : jus de pommes dilué pour atteindre la proportion de 5 % d'acidité.

SAVIEZ-VOUS QUE...?

◆ On peut faire du vinaigre avec n'importe quelle substance qui contient du sucre et qui peut être transformée par fermentation en alcool éthylique. Cela comprend les mélasses, le sirop de sorgho, les fruits, les baies, les melons, la noix de coco, le miel, le sirop d'érable, la betterave, le malt, les céréales et le petit-lait. La méthode la plus ancienne de fabrication du vinaigre consiste à laisser du vin fait avec des jus de fruits dans un contenant ouvert, permettant ainsi aux microorganismes contenus dans l'air de transformer l'acide éthylique en acide acétique.

◆ Ce n'est qu'en 1992 que H. J. Heinz engagea un premier porte-parole pour vanter son vinaigre. Il s'agissait de Heloise Cruise Evan, qui publie une chronique de trucs et conseils dans des dizaines de journaux américains. «J'utilise probablement quatre litres de vinaigre par semaine», avait-elle déclaré au *Wall Street Journal*.

◆ Le vinaigre se conserve indéfiniment sans réfrigération.

◆ On utilise le vinaigre blanc pour faire mariner les légumes et les fruits. Il neutralise l'eau tout en en laissant assez pour en préserver la texture et le goût. Heinz publie un petit livret de recettes de marinades et de conserves de fruits et légumes. On peut se le procurer gratuitement en écrivant à *Heinz Successful Pickling Guide,* P.O. Box 57, Pittsburg, PA 15230.

◆ Quand Hannibal, le chef guerrier de Carthage, traversa les Alpes, il utilisa du vinaigre pour éliminer les amoncellements de pierres qui bloquaient la marche de ses éléphants. Titus Livius rapporte, dans son *Histoire de Rome,* que les soldats d'Hannibal chauffaient les pierres puis versaient du vinaigre pour les fendre.

◆ Selon le Nouveau Testament, des soldats romains tendirent une éponge imbibée de vinaigre à Jésus lorsqu'il était sur la croix. On voit dans ce geste une marque de cruauté. Cependant, le vinaigre a comme propriété de neutraliser les papilles gustatives, ce qui fait temporairement disparaître la soif. Il est fort possible que le geste des soldats en ait été un de compassion.

◆ Depuis les temps bibliques, on utilise le vinaigre à des fins médicinales. À cette époque, on en faisait un pansement humide sur les plaies. Quatre cents ans avant Jésus-Christ, le père de la médecine, Hippocrate, se servait régulièrement du vinaigre pour soigner ses patients. Pour les Assyriens, le vinaigre constituait un médicament spécifique pour traiter les infections de l'oreille interne. Enfin, durant la Première Guerre mondiale on s'en est servi pour soigner les blessures.

DISTRIBUTION
◆ Selon le journal *Progressive Grocer*, les ventes annuelles de vinaigre dans les supermarchés représentent une somme de 112 millions de dollars US.

POUR PLUS D'INFORMATION
H. J. Heinz du Canada ltée : 1 800 268-6641.

IVORY

SAVON

◆ **Éloignez les che-vreuils.** Suspendez des savons Ivory autour des cultures.

◆ **Lubrifiez une scie.** Frottez les côtés et les dents de la scie avec un pain de savon Ivory pour faciliter le sciage du bois.

◆ **Faites de la mous-se pour le bain.** Tenez un pain de savon Ivory sous le jet du robinet pour remplir la baignoire de mousse.

◆ **Réparez les petits trous dans les murs.** Frottez un pain de savon Ivory sur le trou jusqu'à ce qu'il soit comblé, puis appliquez la peinture.

◆ **Lubrifiez une fermeture éclair.** Pour faciliter la glisse, frottez les dents de la fermeture éclair avec un pain de savon Ivory.

◆ **Empêchez la suie d'un feu de camp de coller sous les poêles et les casseroles.** Frottez légèrement le dessous avec un pain de savon Ivory avant de mettre les contenants sur le feu.

◆ **Lubrifiez clous et vis.** Enduits de savon Ivory, les clous et les vis pénètrent le bois plus facilement.

◆ **Calmez la douleur provoquée par les morsures d'insectes.** Frottez la morsure avec un pain de savon Ivory humide et laissez sécher.

◆ **Faites une pelote à épingles.** Utilisez un pain de savon Ivory enveloppé dans un tissu comme pelote à épingles. Épingles et aiguilles à coudre glisseront plus facilement.

◆ **Pour que vêtements et literie gardent une odeur fraîche :** placez un pain de savon Ivory dans les tiroirs, les placards ou les lieux d'entreposage.

◆ **Lubrifiez tiroirs et fenêtres.** Frottez du savon Ivory sur les roulettes des tiroirs et des fenêtres pour qu'ils ouvrent et ferment plus facilement.

INVENTION
1878

LE NOM
Hésitant entre plusieurs noms pour désigner son nouveau savon blanc, Harley Procter prit sa décision un dimanche matin en écoutant le pasteur lire le psaume 45 : «Tous tes vêtements sentaient bon la myrrhe, l'aloès et le cassier, venus de ces palais d'ivoire et qui t'ont rendu heureux» (traduction libre). Quelques années après, une analyse chimique du produit révéla que 56 millièmes des ingrédients ne correspondaient pas à la définition scientifique du savon. Procter décida donc, en 1882, d'écrire sur l'emballage et dans la publicité : 99 ^{44}/100 % pur. Quant au slogan «Il flotte», il apparut en 1891.

UNE BRÈVE HISTOIRE

Quand Harley Procter décida de créer un savon blanc crémeux pour concurrencer le savon de Castille, il demanda à son cousin, le chimiste James Gamble, d'élaborer la formule. Un jour, après l'entrée en production du savon, un ouvrier (demeuré anonyme) qui quittait pour le lunch oublia d'arrêter le mélangeur principal. Cet oubli fit en sorte que trop d'air s'incorpora au mélange. Les consommateurs furent surpris et emballés par ce savon qui flottait. La demande ne cessa de croître et à partir de ce moment Procter et Gamble allongèrent le temps de fouettage de tous leurs savons blancs.

INGRÉDIENTS

Huiles végétales, gras animaux, parfum et moins de 0,5 % de sulfate de magnésium et de silicate de sodium.

SAVIEZ-VOUS QUE…?

◆ Si le savon Ivory est celui qui se vend le plus aux États-Unis, c'est tout simplement parce qu'il se dissout deux fois plus rapidement que les autres à cause du surplus d'air qu'il contient, obligeant ainsi le consommateur à en acheter deux fois plus souvent.

DISTRIBUTION

◆ De 1878 à 1990, Procter & Gamble a fabriqué environ 30 milliards de pains de savon Ivory.

POUR PLUS D'INFORMATION

Procter & Gamble inc. : 1 800 668-0150.

JIF
BEURRE D'ARACHIDE

◆ **Rasez-vous.** Lors d'une expédition de camping, l'ancien sénateur américain Barry Goldwater s'est rasé en utilisant du beurre d'arachide.

◆ **Enlevez la gomme «baloune» prise dans les cheveux.** Frottez la gomme avec un peu de beurre d'arachide Jif.

◆ **Enlevez la colle ciment ou la colle pour modèles miniatures sur les meubles.** Frottez du beurre d'arachide Jif sur la colle.

◆ **Graissez les essieux.** George Washington Carver a développé la première graisse pour les essieux de véhicule à partir d'arachides.

◆ **Faites de la soupe aux arachides.** Le beurre d'arachide est le principal ingrédient dans toutes les recettes de soupe aux arachides.

◆ **Attrapez rats et souris.** Déposez un peu de beurre d'arachide sur une trappe à rat.

INVENTION
1956

LE NOM
Jif est la forme abrégée de *jiffy* qui signifie «en un clin d'œil», c'est-à-dire le temps nécessaire pour faire un sandwich au beurre d'arachide.

UNE BRÈVE HISTOIRE

Les Incas et les tribus africaines consommaient une pâte à base d'arachides. En 1890, le docteur Ambrose W. Straub, de Saint Louis, au Missouri, utilisa des arachides écrasées pour constituer un aliment pour ses patients âgés dotés d'une mauvaise dentition. En 1903, le docteur Straub obtint un brevet pour une machine qui broyait les arachides et les transformait en beurre. Il présenta son invention à l'Exposition universelle de Saint Louis en 1904. En 1914, on fabriquait déjà plusieurs dizaines de marques de beurre d'arachide. Procter & Gamble lança Jif en 1956. C'est aujourd'hui la marque la plus vendue aux États-Unis.

INGRÉDIENTS

Arachides grillées, sucre, huiles végétales hydrogénées, sel, mélasse de cuisine, mono et diglycérides.

SAVIEZ-VOUS QUE...?

◆ Il n'est pas nécessaire de réfrigérer le beurre d'arachide Jif, qui demeure frais trois mois après avoir été entamé.

◆ Un pot de un kilo de Jif contient 1218 arachides.

◆ On estime que l'usine Jif à Lexington, au Kentucky, est la plus grande fabrique de beurre d'arachide au monde.

◆ L'arachide est de la même famille que le pois.

◆ Si le beurre d'arachide colle au palais, c'est que son contenu important de protéines active l'humidification de la bouche.

◆ La fabrication du beurre d'arachide constitue l'utilisation principale de la production d'arachides dans le monde. La moitié de la récolte américaine d'arachides (1,6 million de tonnes) est transformée en beurre d'arachide.

◆ Quand il était président des États-Unis, Gerald Ford mangeait tous les matins un muffin anglais avec du beurre d'arachide.

◆ Jimmy Carter fut le premier producteur d'arachides à devenir président des États-Unis.

◆ Selon le magazine *Americana*, le diplômé moyen du secondaire a mangé dans sa courte vie 1500 sandwichs au beurre d'arachide et à la confiture.

◆ En moyenne, on prend un peu moins de trente jours pour épuiser un pot de format régulier de beurre d'arachide.

◆ À quantités égales, les arachides contiennent plus de protéines, de minéraux et de vitamines que le foie de bœuf.

◆ Un club d'amateurs adultes de beurre d'arachide, le Adults Only Peanut-Butter Lovers Fan Club, publie un périodique, *Spread the News*, organise des congrès annuels pour les fanatiques et distribue des recettes de beurre d'arachide.

ÉVÉNEMENTS CURIEUX

◆ Chaque année, en octobre, la ville de Suffolk, en Virginie, organise un festival de l'arachide dans le cadre duquel se déroule le seul concours mondial de sculpture de beurre d'arachide.

DISTRIBUTION

◆ Chaque année aux États-Unis on mange 80 millions de

kilos de beurre d'arachide Jif, quantité suffisante pour faire deux milliards de sandwichs.

◆ Pour produire tout ce beurre d'arachide, il faut 120 milliards d'arachides.

◆ Selon l'organisme Peanut Advisory Board, 83 % des Américains achètent du beurre d'arachide.

◆ Sur dix arachides récoltées aux États-Unis pour la consommation dans le pays même, une se retrouve dans un pot de Jif.

POUR PLUS D'INFORMATION

Procter & Gamble : 1 800 688-0151.

National Peanut Council, 1500 King Street, Suite 301, Alexandria, VA 22314, USA. Téléphone : (703) 838-9500.

KINGSFORD
BRIQUETTES DE CHARBON DE BOIS

◆ **Empêchez les outils de rouiller.** Une briquette placée dans une boîte à outils absorbe l'humidité, selon la spécialiste des trucs ménagers Mary Ellen.

◆ **Rafraîchissez l'air dans les endroits fermés.** Selon le *Reader's Digest*, une boîte de café remplie de briquettes détruit les mauvaises odeurs dans les placards et les armoires.

◆ **Désodorisez le réfrigérateur.** Toujours selon Mary Ellen, une tasse de briquettes placée dans le fond du réfrigérateur conserve l'air frais.

INVENTION
Début des années 1920.

LE NOM
Le nom d'origine, Ford Charcoal, se transforma en Kingsford Charcoal Briquets en l'honneur de E. G. Kingsford qui aida Henry Ford à choisir la localisation de l'usine.

UNE BRÈVE HISTOIRE
Au début des années 1920, Henry Ford voulait trouver une utilisation pour les immenses quantités de déchets de bois qu'entraînait la fabrication du célèbre modèle T. Le grand industriel entendit parler d'un procédé pour fabriquer du charbon de bois à partir de rebuts. E. G. Kingsford, un parent, trouva l'endroit où installer l'usine. Le procédé est simple : on chauffe le bois dans des fours ne contenant pas d'air ou presque. Cela fait en sorte que l'hydrogène, le

nitrogène et l'oxygène du bois s'échappent, produisant un charbon noir et poreux. Autour de l'usine se développa une «ville de compagnie» qu'on baptisa Kingsford et c'est en 1951 que les briquettes prirent le nom de Kingsford.

INGRÉDIENTS

Charbon de bois (qui produit une saveur de grillade), charbon minéral (pour une plus longue durée), calcaire (qui donne cette couleur de cendre blanche quand la briquette est prête), nitrate de sodium (pour faciliter l'allumage), fécule (matière liante).

SAVIEZ-VOUS QUE…?

◆ Chaque année, Kingsford récupère environ un million de tonnes de déchets de bois pour les transformer en un produit utile.

◆ Le magazine *Fortune* classe les briquettes Kingsford parmi les meilleurs produits fabriqués aux États-Unis.

◆ Il ne faut pas confondre les briquettes pour le barbecue avec le charbon de bois activé fabriqué par plusieurs autres compagnies qui purifient le charbon de bois ordinaire par un traitement à la vapeur et à l'air chaud (plus de 300 °C). Bien qu'on puisse utiliser le bois, les os et le charbon de bois activé pour absorber les odeurs, les couleurs et les saveurs des gaz ou des liquides, c'est le charbon de bois activé qui est le plus efficace. On peut le trouver dans les animaleries (pour les filtres d'aquarium) ou à la pharmacie sous forme de comprimés.

◆ Le charbon de bois activé pourrait sécher les boutons dus à l'acné, selon Ben Harris, auteur de *Kitchen Medicines*, qui suggère de prendre une demi-cuillère à thé de charbon de bois trois fois par jour après les repas.

◆ Les États-Unis ont envoyé deux jeunes singes femelles (Able et Baker) dans l'espace en mai 1959 dans une fusée *Jupiter*. Able portait une couche faite de gaze et de charbon de bois.

◆ Le 20 juillet 1969, Neil Armstrong, le premier homme à marcher sur la Lune, prononça la désormais célèbre phrase : «Un petit pas pour l'homme, un pas de géant pour l'humanité.» Sa seconde phrase fut : «Le sol est couvert d'une poudre fine qui adhère en couches minces en dessous et sur les côtés de mes pieds comme si c'était de la poussière de charbon de bois.»

◆ Tous les moteurs d'automobile contiennent une cartouche de charbon de bois activé qui absorbe les vapeurs d'essence pendant que le moteur ne fonctionne pas. Ce système empêche les hydrocarbones de se répandre dans l'air en captant et conservant la vapeur émanant du réservoir, du carburateur et du système d'injection du carburant.

DISTRIBUTION

◆ La Kingsford Product Company demeure le principal producteur de charbon de bois aux États-Unis. Elle utilise plus de un million de tonnes de déchets de bois chaque année.

◆ Plus de 77 % des familles aux États-Unis possèdent un barbecue. La moitié d'entre elles utilisent leur barbecue toute l'année, en moyenne cinq fois par mois.

POUR PLUS D'INFORMATION

Kingsford Product Co., Oakland, CA 94263, USA.

KITTY LITTER
LITIÈRE POUR CHATS

◆ **Employez la litière pour chats comme abrasif d'urgence.** Conservez un sac de Kitty Litter dans le coffre de votre voiture. Si vous êtes immobilisé par la neige ou la glace, Kitty Litter sous les pneus fournit une excellente traction.

◆ **Absorbez l'huile à moteur et les graisses utilisées dans la transmission.** Utilisez Kitty Litter pour absorber les taches d'huile ou de graisse causées par les fuites sur le sol du garage. Étendez une épaisse couche de litière sur les dépôts, attendez 24 heures et balayez. Nettoyez en brossant avec un mélange de détergeant et d'eau chaude.

◆ **Désodorisez la poubelle.** Couvrez le fond de la poubelle avec un ou deux centimètres de Kitty Litter pour absorber le gras et l'humidité.

◆ **Prévenez la formation de la moisissure dans la baignoire.** Remplissez une boîte de Kitty Litter et placez-la dans la baignoire quand vous quittez la maison pour longtemps. (Gardez la porte fermée si vous avez des chats pour qu'ils ne soient pas tentés de l'utiliser.)

◆ **Éliminez les mauvaises odeurs d'un réfrigérateur.** Déposez de la litière Kitty Litter dans une boîte à fond plat sur l'étagère centrale et gardez la porte fermée durant cinq jours.

◆ **Utilisez la litière comme abrasif pour trottoir ou entrée de garage.** Saupoudrez du Kitty Litter sur la surface des passages recouverts par la neige ou la glace.

◆ **Prévenez l'odeur de renfermé et d'humidité dans les chalets fermés.** Remplissez de Kitty Litter plusieurs boîtes peu profondes et disposez-les dans chaque pièce avant de fermer le chalet pour l'hiver.

◆ **Désodorisez les espadrilles.** Remplissez de Kitty Litter le pied d'un bas de nylon (hauteur genou) et faites un nœud au bout. Insérez dans les espadrilles et laissez toute une nuit.

◆ **Empêchez les flammes causées par le gras dans le barbecue.** Couvrez le fond du barbecue d'un centimètre de Kitty Litter pour réduire les flammes.

INVENTION
1947

LE NOM
C'est Ed Lowe qui inventa le nom Kitty Litter. Durant plusieurs années, après ses débuts en 1947, il ne distribuait sa litière que

dans les animaleries aux États-Unis. Vingt ans plus tard, quand les épiceries acceptèrent enfin de vendre sa litière, il lui fit un nouvel emballage et lui donna un nouveau nom : Tidy Cat. Ainsi, les épiceries pouvaient vendre Tidy Cat à un prix plus bas, tandis que les animaleries continuaient à vendre Kitty Litter à un prix de produit haut de gamme. Aujourd'hui, au Canada, la litière est offerte sous les noms de Kitty Litter et de Purina Maxx.

UNE BRÈVE HISTOIRE

Edward Lowe fonda son commerce avec son père et un seul employé en 1947. L'entreprise fournissait de la sciure de bois et de l'argile absorbante aux industries du Michigan et du nord de l'Indiana, parmi lesquelles Bendix, Whirlpool et Studebaker. C'est à l'hiver de 1947 que Lowe commença à vendre aux animaleries de l'argile comme litière qu'il appela Kitty Litter Brand. En 1971, Lowe lança la litière Tidy Cat, offerte exclusivement dans les épiceries, première marque de litière pour chats à faire l'objet d'une publicité à l'échelle nationale aux États-Unis. Puis il lança des produits parfumés conçus pour enrayer les odeurs des déchets solides et liquides. L'entreprise fut vendue à Golden Cat Corporation en 1991 et Ralston Purina s'en porta acquéreur en 1995.

INGRÉDIENTS

Argile, produits désodorisants, bicarbonate de sodium.

SAVIEZ-VOUS QUE...?

◆ L'autobiographie d'Ed Lowe, *Tail of the Entrepreneur*, publiée en 1994, raconte l'histoire passionnante de l'empire Kitty Litter.
◆ Un parasite qu'on trouve parfois dans les excréments de chat peut provoquer la toxoplasmose chez les femmes enceintes ainsi que chez ceux dont le système immunitaire

est fortement affaibli. On doit prendre des soins particuliers quand on manipule de la litière souillée. Il faut tenir la boîte du chat loin des aliments et se laver énergiquement les mains pour prévenir toute infection. Pour plus d'information, consultez un médecin.

DISTRIBUTION

◆ En 1994, on donna le nom de Kitty Litter Maxx/Litière de Minet à la litière parfumée. L'emballage de la marque Purina Maxx de Ralston Purina a été amélioré.

POUR PLUS D'INFORMATION

Ralston Purina Canada Inc. : 1 800 268-5345.

LISTERINE

◆ **Guérissez l'acné.** Avec de la ouate, appliquez du Listerine sur les meurtrissures.

◆ **Fertilisez la pelouse.** L'auteur horticole Jerry Baker suggère le mélange suivant pour une pelouse bien nourrie : remplissez un contenant de un litre avec une tasse de Listerine, une tasse de sel d'Epsom, une tasse de savon liquide, une tasse d'ammoniaque et un peu de bière pour le reste. En utilisant un vaporisateur attaché au boyau d'arrosage, on couvre une superficie d'environ 232 mètres carrés. Arrosez en mai et à la fin juin.

◆ **Utilisez Listerine comme déodorant.** Listerine tue les bactéries qui causent l'odeur de transpiration. Appliquez-en légèrement sous les bras.

◆ **Éliminez les odeurs de moisissure.** Frottez avec du Listerine non dilué.

◆ **Désinfectez les blessures.** Listerine a un effet astringent quand on en humecte une plaie ou une blessure.

◆ **Désinfectez une machine à laver dans un lavoir public.** Pour ne pas être infecté par les germes provenant d'un autre lavage, nettoyez la surface de la cuve avec du Listerine et ajoutez une demi-tasse de Listerine lors du lavage.

◆ **Luttez contre les pellicules.** Lavez vos cheveux avec du Listerine.

INVENTION
1879

LE NOM
On a inventé l'appellation Listerine pour rendre hommage à sir Joseph Lister, chirurgien anglais, pionnier de l'utilisation des mesures d'hygiène dans les salles d'opération.

UNE BRÈVE HISTOIRE
Influencé par les idées de sir Joseph Lister sur les germes et la nécessité d'une «chirurgie antiseptique», le docteur Joseph Lawrence inventa le produit Listerine dans son laboratoire de Saint Louis, au Missouri. Il voulait en faire un antiseptique sûr et efficace pour les procédures opératoires. Fabriqué par une compagnie locale, Lambert Pharmacal Company, Listerine n'était distribué qu'aux médecins. En 1895, on étendit la vente aux dentistes qui l'utilisèrent comme rince-bouche antibactérien. En 1914, à la demande générale, Lambert offrit son produit au grand public.

INGRÉDIENTS

Eucalyptol 0,091 % p/v, thymol 0,063 % p/v, menthol 0,042 % p/v, composant non médicamenteux : alcool.

SAVIEZ-VOUS QUE...?

◆ Selon des études cliniques, Listerine est le seul rince-bouche en vente libre qui aide à prévenir et à réduire la plaque supragingivale ainsi que la gingivite lorsqu'il est utilisé dans le cadre d'un programme complet d'hygiène buccale accompagné de soins professionnels.

◆ On ne doit pas avaler Listerine ni en donner aux enfants de moins de douze ans car le produit contient 26,9 % d'alcool pharmaceutique.

DISTRIBUTION

◆ Listerine est le rince-bouche le plus populaire aux États-Unis.

◆ On trouve du Listerine dans un foyer sur cinq aux États-Unis.

◆ Outre le Listerine d'origine, on trouve du Listerine menthe rafraîchissante et du Listerine menthe fraîcheur.

POUR PLUS D'INFORMATION

Warner-Lambert Canada inc. : 1 800 661-4659.

MAYBELLINE
VERNIS À ONGLES SALON FINISH

◆ **Réparez un accroc dans un bas de nylon.** Déposez une goutte de vernis à ongles Maybelline Salon Finish sur le fil brisé.

◆ **Empêchez le dessous des canettes de mousse à raser de rouiller.** Recouvrez les rebords de la canette avec du vernis à ongles Maybelline.

◆ **Enfilez une aiguille en un tour de main.** Trempez le bout du fil dans le vernis à ongles Maybelline, laissez sécher, puis enfilez.

◆ **Solidifiez les boutons de chemise.** Recouvrez le centre du bouton avec du vernis à ongles Maybelline afin d'augmenter la résistance du fil qui retient le bouton à la chemise.

◆ **Empêchez le tissu coupé de s'effilocher.** Appliquez une mince couche de vernis à ongles Maybelline le long de la couture.

◆ **Laminez les étiquettes de vos ordonnances.** Les étiquettes demeureront lisibles si vous les recouvrez d'une couche de vernis à ongles Maybelline.

◆ **Réparez les petites brèches d'une fenêtre, du pare-brise ou dans un plancher de bois.** Déposez quelques gouttes de vernis à ongles Maybelline dans le trou, laissez sécher, puis recommencez jusqu'à ce que la brèche soit comble.

◆ **Empêchez les nœuds des petits rubans de la lingerie de se dénouer.** Mettez une goute de vernis à ongles Maybelline sur chaque nœud.

◆ **Fixez solidement les poignées de tiroir.** Trempez le bout de la vis dans du vernis à ongles Maybelline. Replacez la poignée et laissez sécher.

◆ **Prévenez la rouille sur les vis des sièges des toilettes.** Recouvrez les vis de vernis à ongles Maybelline.

◆ **Conservez le lustre de la boucle d'une ceinture.** Peignez la boucle avec du vernis à ongles Maybelline. Répétez quatre fois.

INVENTION
1970

LE NOM
T. L. Williams baptisa sa compagnie en l'honneur de sa sœur aînée, Mabel, qui lui donna l'idée de fabriquer un mascara facile à utiliser. Il combina son prénom avec le suffixe *line* qui signifie «gamme». Il semble qu'on ajouta un *y* à Mabel pour que le nom de la compagnie ait une graphie et une prononciation plus élégantes.

UNE BRÈVE HISTOIRE

Trois mille ans avant Jésus-Christ, les artistes chinois combinaient de la gomme arabique, du blanc d'œuf, de la gélatine et de la cire d'abeille pour en faire des vernis, des céramiques et des laques. Les aristocrates chinois, pour souligner leur statut de noblesse, se mirent à appliquer ces produits sur leurs ongles. La Maybelline Company fut fondée en 1915 par T. L. Williams. L'entreprise commença à produire du mascara en 1917. Elle faisait de la publicité dans les magazines et le produit n'était disponible que par la poste. Le mascara apparut sur les étalages en septembre 1932, puis s'ajoutèrent l'ombre à paupières et les crayons. Au début des années 1960, Maybelline lança Ultra Lash, premier dispensateur automatique de mascara pour le grand public. Williams vendit son entreprise en 1967 à Plough Inc. qui devint Schering-Plough Corp. en 1971. Le mascara Great Lash apparaît en 1973 et, rapidement, la compagnie lance plusieurs produits de beauté pour le visage, les lèvres et les ongles. En 1992, Maybelline est devenue une société ouverte.

INGRÉDIENTS

Butyl acétate, éthyl acétate, nitrocellulose, résine polyester, sucrose acétate isobutyrate, alcool isopropyl, camphre, acrylates copolymer, benzophénone-1, violet n° 2.

SAVIEZ-VOUS QUE...?

◆ L'industrie des cosmétiques aux États-Unis se décompose ainsi : maquillage facial (35 % des ventes en 1992), produits pour les yeux (30 %), produits pour les lèvres (23 %) et produits pour les ongles (12 %).
◆ Le mascara Maybelline Great Lash est le mascara le plus populaire aux États-Unis depuis son entrée sur le marché en 1973.

DISTRIBUTION

◆ Maybelline distribue des cosmétiques dans 40 pays autres que les États-Unis, dont l'Indonésie, le Pérou, le Nicaragua et l'Islande. L'entreprise distribue aussi aux États-Unis et au Canada la gamme de produits Yardley (savons et produits de bain).

◆ En 1993, le chiffre d'affaires de Maybelline était de 346 millions en dollars US.

◆ Maybelline est la deuxième plus importante maison de produits de beauté aux États-Unis, derrière Cover Girl et devant Revlon.

POUR PLUS D'INFORMATION

Maybelline inc. : 1 800 361-7783.

NESTEA

◆ **Calmez la douleur causée par les insolations.** Prenez un bain chaud auquel vous aurez ajouté un pot de Nestea. L'acide tannique calmera la douleur.

◆ **Nettoyez le bois verni.** Nestea est un excellent agent nettoyant pour les planchers, les meubles et les pièces en bois.

◆ **Faites disparaître les cors.** Faites tremper le cor durant 30 minutes dans du Nestea chaud. Répétez le traitement chaque jour durant deux ou trois semaines jusqu'à ce que l'acide tannique contenu dans le thé ait dissous le cor.

◆ **Réparez les éraflures sur le bois.** Mélangez une cuillerée à thé rase de Nestea et deux cuillerées à thé d'eau. Appliquez sur les marques avec un tampon d'ouate.

◆ **Rafraîchissez l'air.** Mélangez un litre de Nestea avec quatre cuillerées à soupe de jus de citron. Passez à travers un filtre à café et utilisez avec un vaporisateur.

◆ **Attendrissez la viande.** Faites un mélange qui contient à parts égales du Nestea et du concentré de bœuf et utilisez ce liquide pour faire un rôti ou un ragoût. Le tanin contenu dans le thé attendrit la viande.

INVENTION
1948

LE NOM
Nestea est une habile contraction de la première syllabe du nom du fabricant Nestlé (d'après le nom de son fondateur Henri Nestlé) et du mot thé en anglais. En Allemand, *nestle* signifie «petit nid» et le symbole graphique de l'entreprise s'inspire de cette signification.

UNE BRÈVE HISTOIRE
En 1867, alors qu'on s'inquiétait beaucoup de la mortalité infantile, Henri Nestlé, de Vevey, en Suisse, développa la Farine Lactée, une formule alimentaire composée de lait concentré, de sucre et de céréales. Huit ans plus tard, Nestlé vendit sa compagnie, qui faisait alors affaire dans 16 pays, pour la somme de un million de francs suisses. En 1905, un an après avoir commencé à fabriquer du chocolat, la compagnie fusionna avec une autre entreprise suisse, la Anglo-Swiss Condensed Milk Company. La nouvelle entreprise conserva le nom Nestlé. En 1938, Nestlé, qui travaillait beaucoup avec l'industrie brésilienne du café, inventa Nescafé, le café instantané qui sera distribué aux troupes américaines durant la Seconde Guerre mondiale. La même année apparaissait la Nestlé Crunch Bar, qui sera suivie en 1948 par Nestlé Quick et par le café Taster's Choice en 1966.

Le thé glacé apparut pour la première fois à l'Exposition universelle de Saint Louis en 1904. Ce fut le fait d'un marchand ambulant qui, ne parvenant pas à vendre son thé par une journée extrêmement chaude, décida de verser le liquide sur de la glace. Mais la boisson ne commença à être populaire qu'en 1948 quand les scientifiques de Nestlé créèrent Nestea. Puis, en 1956, ils créèrent le premier thé 100 % soluble, autant dans l'eau chaude que dans l'eau froide. Le produit fut popularisé à la télévision par le slogan *Take the Nestea Plunge*, littéralement : «Faites le plongeon Nestea.» Le conglomérat Nestlé est propriétaire de L'Oréal, Libby's, Carnation, Hills Brothers, Vittel, Buitoni, Butterfinger, Baby Ruth, ainsi que d'une quarantaine d'établissements hôteliers Stouffer's. En 1991, Nestlé Beverage Company s'associa avec Coca-Cola pour former Coca-Cola/Nestlé Refreshments Company qui distribue à travers le monde toute une gamme de boissons au café, au chocolat et au thé.

INGRÉDIENT
Thé (100 %).

SAVIEZ-VOUS QUE...?
◆ Nestlé est aujourd'hui le premier fabricant mondial de produits alimentaires en boîte, de café et de chocolat. L'entreprise possède 438 usines dans 63 pays.
◆ Nestlé est la plus grande entreprise de Suisse, mais n'y réalise que 2 % de son chiffre d'affaires.
◆ Le thé est la boisson la plus populaire dans le monde. Aux États-Unis, 80 % du thé consommé est du thé glacé.

ÉVÉNEMENTS
Le Tea Council des États-Unis a décrété que le mois de juin était «le mois national du thé».

DISTRIBUTION
◆ Les Américains boivent annuellement 35 milliards de verres de thé glacé, soit une moyenne de 26 litres par personne.
◆ La gamme complète des mélanges à thé glacé Nestea

comprend : le mélange à thé Nestea, Nestea diète, Nestea léger, Nestea aux pêches, Nestea Tropical Blend, Nestea aux tangerines, Nestea au citron, Nestea aux framboises.

POUR PLUS D'INFORMATION

Nestlé Canada inc. : 1 800 387-4636.

QUAKER

GRUAU

◆ **Soulagez les démangeaisons dues à la varicelle.**
Dans un robot culinaire ou un mélangeur, transformez en
poudre, à vitesse moyenne, une demi-tasse de gruau
Quaker. Tamisez. Versez deux cuillerées à soupe dans un
bain chaud. Restez 30 minutes dans ce «bain au gruau».

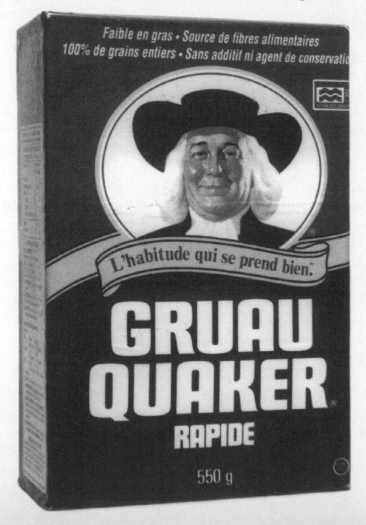

◆ **Faites un shampoing sec à vos cheveux.** Massez bien les cheveux avec du gruau Quaker sec, puis brossez pour enlever les huiles.

◆ **Préparez un masque facial humidifiant.** Faites une pâte avec du gruau Quaker, du jus de citron et du miel. Appliquez sur le visage et laissez 10 minutes, puis rincez avec de l'eau chaude.

INVENTION
1877

LE NOM
En 1887, Henry D. Seymour, un des fondateurs d'une nouvelle compagnie fabriquant du gruau aux États-Unis, aurait lu un article sur les Quakers dans une encyclopédie. Il fut frappé par la ressemblance qui existait entre les qualités du groupe religieux et l'image qu'il voulait donner à son produit. Une autre version raconte que ce serait plutôt un des partenaires de Seymour, William Heston, qui en marchant dans les rues de Cincinnati aurait vu un portrait du célèbre Quaker William Penn et qu'il aurait lui aussi fait le même parallèle entre les qualités de l'homme et celles du gruau.

UNE BRÈVE HISTOIRE
La popularité du gruau comme aliment pour le petit déjeuner connut une croissance remarquable quand Ferdinand Schumacher, un épicier d'origine allemande de Akron, en Ohio, trouva une façon de préparer le gruau qui réduisait le temps de cuisson. Il vendait le gruau préparé dans des pots de verre. Ce succès entraîna l'apparition de plusieurs autres compagnies, dont la Quaker Mill Company, fondée en 1877 à Ravena, en Ohio. Les détaillants achetaient la préparation au baril et ils la vendaient dans des sacs en papier. En 1880, Henry Crowell, président de American Cereal Company, vit tous les avantages qu'il y aurait à vendre des produits emballés directement au consommateur. C'est ainsi qu'il

conçut la célèbre boîte cylindrique du gruau Quaker tout en lançant une grande campagne publicitaire.

INGRÉDIENT

Flocons d'avoine (100 %).

SAVIEZ-VOUS QUE…?

◆ L'appellation Quaker fit l'objet de plusieurs litiges juridiques. Les Quakers demandèrent même, sans succès, au Congrès américain d'interdire les marques de commerce comportant des connotations religieuses.

◆ L'explorateur Robert Peary apporta du gruau Quaker au pôle Nord et son collègue l'amiral Richard Byrd fit de même durant son expédition au pôle Sud.

◆ Un portrait géant de l'homme du gruau Quaker fut installé sur les falaises blanches de Dover en Angleterre. Il fallut une loi du parlement pour le faire enlever.

◆ En 1990, Quaker Oats Company décida d'utiliser Popeye le marin dans sa publicité pour le gruau. Cela scandalisa la Society of Friends, l'église quaker, selon laquelle l'attrait de Popeye pour la violence physique n'était pas compatible avec les idéaux pacifistes de la religion. La compagnie fit rapidement amende honorable et mit fin à cette campagne.

◆ En 1988, quand les nutritionnistes découvrirent que le son d'avoine réduisait le taux de cholestérol, les ventes augmentèrent de 600 %. En 1992, le *Journal of the American Medical Association* publia une étude importante, commanditée par Quaker Oats, qui soutenait que la baisse du cholestérol dans le sang des amateurs de son d'avoine n'était que de 2 % à 3 %. De façon plus optimiste, l'étude concluait cependant qu'une baisse nationale de 1 % du taux de cholestérol pourrait entraîner une baisse de 2 % des maladies cardiovasculaires.

DISTRIBUTION

◆ En 1994, les ventes des diverses céréales chaudes produites par Quaker Oats Company atteignirent la somme de 403 millions de dollars US, soit six fois plus que celles des marques de son plus proche compétiteur.

◆ Le gruau Quaker instantané est la troisième plus populaire céréale pour petit déjeuner aux États-Unis.

POUR PLUS D'INFORMATION

La compagnie Quaker Oats du Canada ltée :
1 800 267-6287.

REALEMON

◆ **Faites disparaître les taches d'encre des tissus.**
Mouillez le tissu avec Realemon alors que l'encre est
encore humide, puis lavez normalement à l'eau froide avec
votre détergent habituel.

◆ **Éliminez les pellicules.** Appliquez une cuillerée à soupe
de Realemon sur les cheveux. Donnez un shampoing et
rincez avec de l'eau. Rincez à nouveau avec un mélange de
deux cuillères à soupe de Realemon et deux tasses d'eau.
Répétez tous les deux jours jusqu'à ce que les pellicules
disparaissent.

◆ **Écrivez avec une encre invisible.** Utilisez un coton-tige
pour écrire avec Realemon sur une feuille de papier blanc.
Une fois sec, approchez le papier d'une ampoule chaude.
Le texte apparaîtra en brun.

◆ **Éliminez les points noirs sur la peau du visage.**
Appliquez un peu de Realemon avant de vous coucher.
Rincez le lendemain avec de l'eau froide. Répétez plusieurs
fois jusqu'à ce que vous constatiez une nette amélioration.

◆ **Donnez un reflet blond à vos cheveux.** Rincez vos
cheveux avec un quart de tasse de Realemon ajouté à trois
quarts de tasse d'eau.

◆ **Désodorisez la planche à couper les légumes.** Lavez
la planche avec du Realemon pour faire disparaître les
odeurs d'ail, d'oignon, de poisson, etc.

◆ **Éliminez les taches de fruit sur les mains.** Rincez-vous les mains avec du Realemon.

◆ **Éliminez les taches de rouille ou la décoloration d'origine minérale des tee-shirts en coton et des sous-vêtements.** Ajoutez une tasse de Realemon à votre lavage.

◆ **Nettoyez le four à micro-ondes.** Ajoutez quatre cuillères à soupe de Realemon dans une tasse d'eau. Mettez le mélange dans un contenant de quatre tasses pour micro-ondes. Laissez bouillir durant cinq minutes, permettant ainsi à la vapeur de se condenser sur les parois, puis essuyez.

◆ **Blanchissez, faites briller et renforcez vos ongles.** Faites tremper vos ongles durant 10 minutes dans du Realemon, brossez-les avec un mélange à parts égales de vinaigre blanc et d'eau chaude, puis rincez.

◆ **Soulagez les manifestations de l'herbe à la puce.** Appliquer du Realemon sur les parties affectées calme les démangeaisons et diminue les éruptions.

◆ **Faites disparaître les boutons dans le visage.** Appliquez du Realemon par touches légères quelques fois par jour.

Éliminez les mauvaises odeurs de l'humidificateur.
Ajoutez quatre cuillères à thé de Realemon à l'eau.

Soulagez les mains trop sèches ou les pieds endoloris. Appliquez du Realemon puis massez avec de l'huile d'olive.

◆ **Nettoyez les ustensiles de bronze, de cuivre ou d'acier inoxydable.** Composez une pâte avec du Realemon et du sel, frottez doucement, puis rincez à l'eau.

◆ **Soulagez la toux.** Mélangez quatre cuillères à soupe de Realemon, une tasse de miel et une demi-tasse d'huile d'olive. Chauffez cinq minutes puis mélangez vigoureusement durant deux minutes. Prenez une cuillère à thé toutes les deux heures.

Apprenez à un chien à cesser d'aboyer. Versez un peu de Realemon dans la gueule du chien et dites «Tranquille».

Soulagez la constipation. Avant le petit déjeuner, buvez une tasse d'eau chaude dans laquelle vous aurez ajouté quatre cuillères à soupe de Realemon. Sucrez avec du miel.

INVENTION
Années 1940

LE NOM
C'est le fondateur de la compagnie, Irvin Swartzberg, qui décida de combiner les mots *real* (véritable) et *lemon* (citron).

UNE BRÈVE HISTOIRE
Irvin Swartzberg fonda la Puritan-Realemon Company à Chicago et commença à produire des jus de citron en 1934.

Les produits étaient hautement périssables. De plus, le goût et la teneur en citron variaient constamment parce que les citrons dont ils étaient extraits n'étaient pas toujours de la même qualité. Dans les années 1940, après plusieurs années d'expérimentation, Swartzberg parvint à produire un jus en bouteille dont la saveur était constante, en concentrant le jus du citron puis en le diluant dans l'eau. Il améliora aussi le produit en le filtrant et en y ajoutant des agents de conservation.

INGRÉDIENTS

Eau, jus de citron concentré, huile de citron, bisulfite de sodium.

SAVIEZ-VOUS QUE...?

◆ Le jus d'un citron produit de trois à quatre cuillères à soupe de Realemon.

◆ Vous consommez trop de sel? Le Realemon remplace agréablement le sel sur les légumes, le poisson, le poulet, les pâtes ou le riz.

DISTRIBUTION

◆ Realemon est la marque de jus de citron la plus populaire aux États-Unis ainsi que le seul jus de citron embouteillé à être distribué dans tout le pays.

POUR PLUS D'INFORMATION

Les aliments Borden Canada : 1 800 361-8998.

REYNOLDS
PAPIER D'ALUMINIUM

◇ **Enlevez les marques de rouille sur les pare-chocs chromés.** Trempez un morceau de papier d'aluminium Reynolds chiffonné dans du Coca-Cola et frottez le pare-chocs.

◇ **Éloignez chiens et chats des meubles.** Placez des morceaux de papier d'aluminium Reynolds sur les meubles. Le son métallique produit par la feuille éloigne les animaux.

◇ **En camping, nettoyez poêles et casseroles.** Un morceau de papier d'aluminium Reynolds chiffonné constitue un excellent récurant.

◇ **Maintenez en place les piles dans les jouets ou les appareils électriques.** Si les piles d'un baladeur ou d'un jouet ne tiennent pas en place parce qu'un ressort est brisé, mettez un petit morceau de papier d'aluminium Reynolds entre la pile et le ressort.

◇ **Repassez plus rapidement.** Placez une feuille de papier d'aluminium Reynolds sous la housse de la planche à repasser pour réfléchir la chaleur du fer.

◇ **Faites de jolis plateaux ou des décorations.** Découpez les formes désirées dans un carton et recouvrez-les de papier d'aluminium Reynolds.

◇ **Recueillez les ruissellements de gras durant la cuisson au four.** Découpez une feuille de papier d'aluminium

Reynolds un peu plus large (quelques centimètres) que le plat allant au four et placez-la sur la grille inférieure. (Ne recouvrez pas le fond du four, cela l'endommagerait.)

◆ **Évitez les éclaboussures de peinture.** Recouvrez les poignées de porte avec du papier d'aluminium Reynolds.

◆ **Polissez le chrome.** Utilisez une feuille de papier d'aluminium Reynolds chiffonnée pour polir le chrome des poussettes, des chaises ou des parcs pour bébés.

◆ **Faites un entonnoir.** Roulez en forme de cône une double feuille de papier d'aluminium Reynolds.

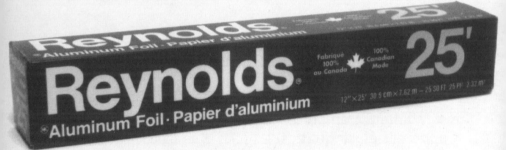

◆ **Tenez en place les fleurs coupées.** Recouvrez le dessus du vase avec une feuille de papier d'aluminium Reynolds et percez-y des trous. Insérez les fleurs. La feuille prévient aussi l'évaporation trop rapide de l'eau.

◆ **Faites une palette jetable.** Mélangez les peintures sur un morceau de papier d'aluminium Reynolds.

◆ **Nettoyez l'argenterie ternie.** Tapissez de papier d'aluminium Reynolds un plat à gâteau et versez suffisamment d'eau pour recouvrir l'argenterie. Ajoutez deux cuillères à soupe de bicarbonate de sodium pour chaque litre d'eau. Chauffez l'eau à plus de 65 °C (150 °F). Placez l'argenterie de telle sorte qu'elle soit en contact avec le papier d'aluminium. Ne faites pas bouillir l'eau. L'hydrogène produit par le bicarbonate de sodium combiné au soufre de la ternissure fait disparaître les taches.

◆ **Nettoyez la grille du barbecue.** Après la cuisson, placez une feuille de papier d'aluminium Reynolds sur la grille encore chaude. Lorsque vous voudrez réutiliser votre barbecue, décollez la feuille, faites-en une boule et frottez la grille. Les restes d'aliments se détacheront facilement.

◆ **Recollez une pièce de linoléum.** Placez une feuille de papier d'aluminium Reynolds sur le recouvrement là où il est décollé et passez un fer chaud sur la feuille de papier d'aluminium pour faire fondre la colle. Placez plusieurs livres sur le linoléum jusqu'à ce que la colle soit complètement sèche.

◆ **Empêchez la laine d'acier de rouiller.** Enveloppez la pièce de laine d'acier dans du papier d'aluminium Reynolds et conservez-la au congélateur.

◆ **Enlevez l'empois sous le fer à repasser.** Frottez le fer sur une feuille de papier d'aluminium Reynolds.

◆ **Entreposez les pinceaux humides.** Enveloppez les pinceaux humides dans du papier d'aluminium Reynolds et rangez-les dans le congélateur. Sortez-les une heure ou deux avant de les réutiliser.

◆ **Entreposez les restes de peinture.** Pour empêcher que ne se forme une couche solide à la surface de la peinture, découpez un cercle dans du papier d'aluminium Reynolds en vous servant de la boîte de peinture comme mesure. Déposez ce morceau sur la surface de la peinture avant de sceller la boîte.

INVENTION
1947

LE NOM
On donna au produit le nom du fondateur de la Reynolds Metals Company, Richard S. Reynolds. Le logo de la compagnie, utilisé depuis 1935, fut inspiré par un tableau de Raphaël, *Saint-Georges et le dragon*. La légende du saint patron de l'Angleterre a inspiré plusieurs tableaux et symbolise le courage des convictions.

UNE BRÈVE HISTOIRE
Richard S. Reynolds fabriquait pour son oncle, le magnat du tabac R. J. Reynolds, le papier d'étain et de plomb qu'on utilise dans les paquets de cigarettes. En 1919, le jeune homme fonda sa propre compagnie, U.S. Foil Co., fournissant ce papier aux fabricants de cigarettes et de bonbons. Quand le prix de l'aluminium chuta dans les années 1920, il adopta ce métal non corrosif pour son papier d'emballage. L'entreprise se lança aussi dans la fabrication de recouvrements d'aluminium, de bateaux et d'ustensiles de cuisine. C'est en 1947 que Richard S. Reynolds présenta son papier d'aluminium. D'une épaisseur de 0,0018 centimètre, le papier est un bon conducteur de chaleur et conserve l'humidité.

INGRÉDIENT
Aluminium.

SAVIEZ-VOUS QUE...?
◆ Chaque année aux États-Unis, on utilise 230 millions de kilos de papier d'aluminium et de contenants en aluminium, l'équivalent de 13 millions de kilomètres de papier.

DISTRIBUTION

◆ On trouve le papier d'aluminium Reynolds dans trois foyers sur quatre aux États-Unis.

◆ Seule marque de papier d'aluminium distribuée dans tous les États-Unis, Reynolds est aussi la plus vendue.

POUR PLUS D'INFORMATION

Société d'aluminium Reynolds du Canada : 1 800 441-1556.

SILLY PUTTY

◆ **Nettoyez l'encre et les fibres de ruban des touches de votre machine à écrire.** Roulez une petite boule de Silly Putty sur les touches.

◆ **Ramassez les poils de chat.** Façonnez une rondelle de Silly Putty et appliquez sur la surface.

◆ **Renforcez les mains et les muscles du poignet.** Serrez un morceau de Silly Putty dans la main dix minutes chaque jour.

◆ **Fixez une table branlante.** Mettez un morceau de Silly Putty sous la patte qui cause le déséquilibre.

◆ **Arrêtez les bruits causés par des pièces métalliques qui s'entrechoquent.** Mettez du Silly Putty entre les deux pièces.

◆ **Calmez la nervosité.** Jouer avec du Silly Putty comporte des vertus thérapeutiques qui réduisent le stress et calment la nervosité.

INVENTION
Dans les années 1940

UNE BRÈVE HISTOIRE
Durant la Seconde Guerre mondiale, le United States War Production Board demanda à General Electric de trouver un substitut peu coûteux pour le caoutchouc. James Wright, un des ingénieurs assignés au projet, inventa un composite

malléable surnommé *nutty putty* qui cependant ne comportait pas d'avantages réels sur le caoutchouc synthétique. En 1949, Paul Hodgson, un ancien rédacteur publicitaire devenu marchand de jouets à New Haven, assista à une démonstration de *nutty putty* durant une fête. Il acheta 10 kilos de cette pâte pour 147 $US et engagea un étudiant de Yale pour en faire des boules de 15 grammes qu'il mit en marché dans des contenants en plastique en forme d'œuf. Il baptisa son produit Silly Putty. À sa grande surprise, le produit artisanal devint instantanément le jouet le plus vendu dans sa boutique. Il se lança dans la production de masse, présentant la pâte comme «le jouet avec une seule pièce mobile» et rapidement en vendit jusqu'à 300 par jour. Le célèbre magazine *The New Yorker* publia un petit article sur Silly Putty dans sa chronique «Talk of the Town», qui contribua à transformer cette curiosité en mode dans les années 1950 et 1960.

INGRÉDIENTS
Acide borique, huile de silicone.

SAVIEZ-VOUS QUE...?
◆ Silly Putty fut très populaire en 1961 à Moscou lors de l'exposition United States Plastics.
◆ Durant le vol d'*Apollo 8*, les astronautes se sont amusés

avec du Silly Putty et l'utilisaient pour empêcher les outils de flotter librement dans la cabine.

◆ En 1981, le zoo de Colombus se servit du Silly Putty pour mouler des empreintes de pieds et de mains de gorilles à des fins éducatives.

◆ Les professeurs de géologie et d'astronomie se servent souvent du Silly Putty pour illustrer le déplacement graduel des masses continentales sur la Terre.

◆ Les groupes de non-fumeurs recommandent l'utilisation du Silly Putty à leurs membres pour occuper leurs mains.

DISTRIBUTION

◆ Au début, on expédiait le Silly Putty dans des cartons pour les œufs achetés de l'association coopérative avicole du Connecticut.

◆ Les Américains achètent un peu plus de deux millions d'œufs de Silly Putty chaque année.

◆ Bien qu'une mode ne dure généralement pas plus de six mois, la demande de Silly Putty a survécu durant plus de 40 ans.

◆ Silly Putty est offert en différentes couleurs : classiques, brillantes et fluorescentes.

POUR PLUS D'INFORMATION

Binney & Smith Canada : 1 800 272-9652.

SPAM

◆ **Polissez vos meubles.** Selon le *New York Times Magazine*, SPAM serait un excellent vernis pour les meubles.

◆ **Prévenez la création de buée sur les miroirs.** Toujours selon le *New York Times Magazine*, SPAM peut être utilisé pour empêcher la condensation de la vapeur d'eau sur les miroirs pendant qu'on prend sa douche.

◆ **Allez à la pêche.** Selon Ann Kondo Korum, auteur de *Hawaii's SPAM Cookbook*, SPAM constitue un appât très efficace à la pêche.

INVENTION
1937

LE NOM

Probablement une contraction de *spiced ham* (jambon épicé), SPAM est la trouvaille de l'acteur Kenneth Daigneau, le frère de R. H. Daigneau qui fut vice-président de Hormel Foods. Quand des concurrents lancèrent des produits semblables au sien, Jay C. Hormel décida de trouver un nom attrayant et original pour son jambon épicé, offrant même 100 $ à la personne qui trouverait la nouvelle appellation. Lors du réveillon du Nouvel An en 1936, Daigneau suggéra SPAM.

UNE BRÈVE HISTOIRE

Jay C. Hormel, fils du fondateur de la compagnie, dépensa beaucoup d'énergie pour trouver comment utiliser des surplus de plusieurs milliers de kilos d'épaule de porc. C'est ainsi qu'il concocta le «Hormel Spiced Ham», un mélange de porc et de jambon hachés qui se conservait sans réfrigération. On parla alors de la «viande miracle». L'armée américaine, lors de la Seconde Guerre mondiale, fut intéressée par cette viande qui se conservait si facilement et si longtemps. Dès 1940, 70 % des Américains avaient essayé SPAM et Hormel engagea les comédiens George Burns et Gracie Allen pour vanter le produit durant leur célèbre émission de radio. Le 22 mars 1994, Hormel Foods Corporation organisa une fête : l'entreprise avait produit cinq milliards de boîtes de SPAM.

INGRÉDIENTS

Épaule de porc hachée, jambon haché, sel, eau, sucre et nitrate de sodium.

SAVIEZ-VOUS QUE…?

◆ Mises bout à bout, les cinq milliards de boîtes de SPAM encercleraient la terre 12 fois et demie.
◆ Ces mêmes boîtes nourriraient une famille de quatre trois fois par jour durant 4 566 210 ans.

◆ Cinq cent mille kilogrammes de SPAM furent distribués aux troupes américaines, russes et européennes dans leurs rations durant la Seconde Guerre mondiale. On peut dire que le débarquement en Normandie fut «nourri» par SPAM. Les GI disaient du SPAM que c'était «du jambon qui avait raté son examen médical». Le général Dwight D. Eisenhower avoua qu'il avait «émis quelques commentaires critiques sur SPAM... qui s'étaient malencontreusement échappés dans le feu de l'action».

L'ancien premier ministre de la Grande-Bretagne Margaret Thatcher, qui travaillait dans l'épicerie tenue par sa famille quand elle avait 18 ans, se souvient du SPAM comme d'un «délice du temps de guerre».

Dans ses mémoires, l'ancien dirigeant de l'URSS Nikita Khrouchtchev soutient que SPAM a maintenu en vie l'Armée Rouge durant la Seconde Guerre mondiale. «Nous avions perdu nos terres les plus fertiles et les plus riches, l'Ukraine et le nord du Caucase. Sans SPAM, nous n'aurions pas pu nourrir l'armée.»

◆ Il y a une dizaine d'années, l'animateur du *Late Night Show*, David Letterman, proposa du «SPAM-avec-cordon» à son auditoire, «au cas où vous auriez faim en prenant une douche».

◆ En 1988, quand Vernon Tejas réussit son ascension en solitaire du mont McKinley, il prit une photo de lui-même tenant une boîte de SPAM sur le sommet.

Le président du conseil d'administration de Hormel Foods, R. L. Knowlton, offrit une boîte de SPAM à Mikhaïl Gorbatchev en juin 1990 ainsi qu'à son successeur Boris Eltsine en juin 1992.

Le Pentagone a acheté pour environ deux millions de dollars US de SPAM pour les troupes durant la guerre du Golfe.

◆ Les Sud-Coréens considèrent le SPAM comme un aliment de luxe. Le *Wall Street Journal* a rapporté qu'un cadre supérieur de Séoul à la recherche du parfait cadeau acheta du SPAM, expliquant : «C'est un cadeau impressionnant.»

◆ L'anthropologue Jane Goodall, avec l'aide de sa mère, prépara 2000 sandwichs de SPAM pour les troupes belges qui fuyaient de la région où elles étaient.

RECETTES

◆ SPAM peut être grillé, frit, sauté et cuit au four ou encore ajouté à des mets exotiques, dans des sandwichs, des salades de pâtes, des pizzas ou des plats cuisinés. On peut aussi le frire au wok, en faire des hors-d'œuvre ou l'inclure dans la soupe.

◆ Le restaurant Ala Moana Poi Bow à Honolulu fait du *musubi* de SPAM et un plat de SPAM avec œufs et riz.

◆Le menu du «Green Midget Cafe» lancé par le Monty Python's Flying Circus contient les plats suivants : «œuf et SPAM; œuf, bacon et SPAM; œuf, bacon, saucisse et SPAM; SPAM, bacon, saucisse et SPAM; SPAM, œuf, SPAM, SPAM, bacon et SPAM; SPAM, SPAM, SPAM, œuf et SPAM; SPAM, SPAM, SPAM, SPAM, SPAM, SPAM, fèves au lard, SPAM, SPAM, SPAM et SPAM; ou du homard thermidor aux crevettes, avec sauce Mornay, accompagné d'un pâté truffé au brandy, recouvert d'un œuf sur le plat et de SPAM.

◆ Le restaurant «Mr. Whitekeys' Fly by Night Club», à Spenard en Arkansas, propose du SPAM cajun, des nachos au SPAM ainsi que des pâtes au SPAM accompagnées de tomates séchées dans une sauce à la crème.

◆ Parmi les recettes couronnées lors des différents concours de cuisine SPAM tenus dans les foires agricoles en 1992, on peut noter une mousse de SPAM, un chowder de maïs et de SPAM et un gâteau au fromage et au SPAM.

◆ On peut aussi faire un SPAMBURGER, «le seul hamburger réellement fait avec du jambon» : griller ou faire sauter une tranche de SPAM et mettre dans un pain à hamburger avec de la laitue, des tranches de tomate, de la mayonnaise et du fromage.

Le livre de recettes de Hormel Foods, *The Great Taste of SPAM,* inclut entre autres une recette de ragoût de SPAM recouvert de babeurre, des fajitas au SPAM et une recette de strudel au SPAM et à la sauce moutarde.

ÉVÉNEMENTS CURIEUX

Chaque année, aux États-Unis, 68 foires agricoles d'État ou régionales organisent des concours de recettes SPAM approuvés par Hormel Foods.

À Hawaii, le centre commercial Maui organise chaque année un grand festival de cuisine SPAM.

Depuis 1974, se tient à Austin, au Texas, le concours de cuisine et de barbecue SPAMorama.

Chaque année à Seattle, dans l'État de Washington, on organise une fête du SPAM.

Le Jamboree SPAM de Austin, au Minnesota, tenu tous les week-ends du 4 Juillet, est le seul événement officielle-ment commandité par Hormel Foods.

Lors du SPAMposium de 1983, 33 SPAMophiles auto-proclamés, venant de tous les coins des États-Unis, ont présenté diverses études et démonstrations scientifiques, dont une façon de fabriquer des explosifs avec du SPAM.

DISTRIBUTION

Les Américains mangent 113 millions de boîtes de SPAM par année.

◆ L'Hawaiien moyen consomme douze boîtes de SPAM par année, suivi par un habitant de l'Alaska, six boîtes, et trois boîtes pour les citoyens du Texas, de l'Alabama et de l'Arkansas.

POUR PLUS D'INFORMATION

Hormel Foods Corporation, 1 Hormel Place, Austin, MN 55912-3680. Téléphone : 1 800 523-4635.
À noter : SPAM n'est pas distribué au Canada.

A.L. VAN HOUTTE
FILTRES À CAFÉ

◆ **Filtrez les morceaux de bouchon de liège.** Passez le contenu d'une bouteille de vin à travers un filtre A.L. Van Houtte si on a brisé le bouchon en l'ouvrant.

◆ **Nettoyez fenêtres et miroirs.** Les filtres A.L. Van Houtte ne laissent pas échapper de filaments. Vos fenêtres seront étincelantes.

◆ **Protégez la porcelaine.** Placez un filtre A.L. Van Houtte entre chaque assiette de porcelaine.

◆ **Couvrez bols et assiettes dans le micro-ondes.** Les filtres A.L. Van Houtte sont tout à fait appropriés.

Protégez les poêles en fonte. Placez un filtre A.L. Van Houtte dans la poêle pour absorber l'humidité et empêcher la rouille.

Appliquez le cirage à chaussure. Faites une boule avec un filtre A.L. Van Houtte.

Recyclez l'huile à friture. Après la friture, passez l'huile dans une passoire recouverte d'un filtre A.L. Van Houtte.

Pesez des aliments hachés. Placez les aliments hachés dans un filtre A.L. Van Houtte pour les peser sur la balance de cuisine.

Enveloppez les tacos. Les filtres A.L. Van Houtte font de bons contenants pour les aliments salissants.

Empêchez la terre de couler de vos pots à fleurs. Déposez un filtre A.L. Van Houtte au fond du pot pour empêcher le sol de fuir par les trous de drainage.

Mangez un Popsicle sans vous salir. Percez un filtre A.L. Van Houtte et insérez le Popsicle. Le filtre recueillera les gouttes.

INVENTION
1985

LE NOM
Les filtres à café portent le nom de l'entreprise fondée à Montréal en 1919 par Albert-Louis Van Houtte.

UNE BRÈVE HISTOIRE
Albert-Louis Van Houtte, originaire de la région de Lille, au nord de la France, fonda son entreprise à Montréal en 1919. Ses principales activités comprenaient l'importation

et la vente de spécialités fines et de café. En 1956, Gérard Van Houtte, un de ses fils, s'installa dans la ville de Québec. À ses activités d'importation, il ajouta la torréfaction du café. Quelques années plus tard, il revint à Montréal et ouvrit, rue Laurier, le célèbre magasin qui porte son nom. En 1981, on transforma le concept d'épicerie fine en bar-café et café-bistrot. Depuis 1974, A.L. Van Houtte exploite une usine de torréfaction et d'emballage de café pour la vente en gros. Quelle que soit la forme que prennent les activités de l'entreprise, elles concernent toujours le produit vedette : le café.

INGRÉDIENT

Pâte de papier vierge.

SAVIEZ-VOUS QUE...?

◆ C'est un Français, du Belloy, qui inventa, au XVIIIe siècle, la cafetière à gravité, c'est-à-dire le système employant un filtre. Auparavant, le café se préparait «à la turque».

◆ En Orient, on buvait du café depuis le XVe siècle, mais on ne commença à en consommer en France qu'en 1669. À cette époque, cependant, les médecins déconseillaient la consommation de café parce qu'ils croyaient qu'il provoquait de graves maladies.

◆ La préparation du café avec un filtre est la méthode la plus populaire en Occident.

◆ Il est préférable de mouiller la mouture avec une ou deux cuillères à soupe d'eau froide avant de verser l'eau chaude. Ceci fait gonfler la mouture et empêche donc l'eau de passer trop rapidement à travers le filtre.

◆ Les filtres en papier n'altèrent à peu près pas le goût du café, contrairement aux filtres en nylon qui communiquent souvent un goût désagréable au café.

◆ Il existe aussi des filtres en or. Parmi les filtres permanents, ce seraient les meilleurs parce qu'ils ne modifient aucunement le goût du café.

DISTRIBUTION

◆ On trouve plusieurs sortes de filtres à café A.L. Van Houtte : les filtres coniques (deux formats), les filtres-paniers ronds, les filtres institutionnels, les filtres métalliques, les filtres pour cafetière Brewmatic, les filtres Système urne (U3, U38 ou SRU), les filtres Système II et III, les filtres de coton et les filtres en rouleau.

POUR PLUS D'INFORMATION

A.L. Van Houtte ltée : 1 800 361-5628.

VASELINE
GELÉE DE PÉTROLE

◆ **Attirez les truites.** Recouvrez de Vaseline des petits morceaux d'éponge pour imiter les œufs de poisson qu'on utilise comme appât.

◆ **Prévenez la corrosion d'une batterie.** Enduisez de gelée de pétrole Vaseline les bornes propres de la batterie.

◆ **Réparez la surface des meubles de bois tachés ou égratignés légèrement.** Couvrez chaque égratignure avec une bonne couche de Vaseline, laissez reposer durant 24 heures, faites pénétrer dans le bois, essuyez, puis polissez comme d'habitude.

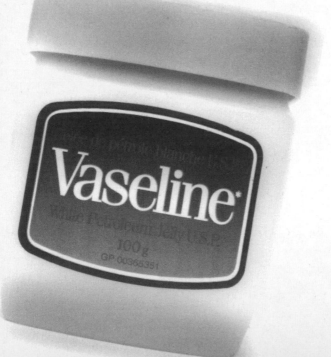

Enlevez la gomme à mâcher prise dans les cheveux.
Appliquez de la gelée de pétrole Vaseline dans les cheveux
et massez jusqu'à ce que la gomme se détache.

Empêchez les robinets de grincer. Défaites la poignée
et la tige et appliquez de la Vaseline sur le filetage des deux
pièces de métal, puis réinstallez.

Lubrifiez les roues des patins et des rouli-roulants.
Enduisez les cyclindres des roues de Vaseline pour qu'elles
tournent plus rapidement.

Enlevez facilement une bague du doigt. Recouvrez le
doigt de gelée de pétrole Vaseline et faites glisser la bague.

Hydratez la peau de votre visage. Après avoir bien
lavé votre figure, faites pénétrer un peu de gelée de pétrole
Vaseline dans la peau encore humide. Ajoutez de l'eau jusqu'à ce que la gelée de pétrole soit bien répartie et qu'elle
n'ait pas l'air graisseuse. Les centres de santé utilisent ce
traitement secret.

Redonnez vie au cuir sec. Pour assouplir le cuir d'un
gant de baseball, la gelée de pétrole Vaseline fait des mer-
veilles.

Prévenez la rouille sur l'outillage extérieur. Appliquez une généreuse portion de gelée de pétrole Vaseline sur
vos outils et machines.

**Évitez les éclaboussures de peinture sur les fenêtres
ou les planchers.** Avant de peindre une pièce, trempez un
coton-tige dans de la gelée de pétrole Vaseline et passez-le
sur le bord des vitres de vos fenêtres; couvrez de Vaseline
poignées de porte, charnières et serrures; protégez le plancher avec une mince couche de Vaseline au pied du mur.

Les taches de peinture s'essuieront facilement avec un linge.

◆ **Démaquillez-vous.** Utilisez la gelée de pétrole Vaseline pour enlever mascara, eye-liner, rouge à lèvres et fards.

◆ **Empêchez le bouchon de votre bouteille de vernis à ongles de rester collé.** Mettez un peu de gelée de pétrole Vaseline sur le bord de la bouteille.

◆ **Pour que vos rideaux de douche glissent facilement** : enduisez la tringle d'un peu de gelée de pétrole Vaseline.

◆ **Contribuez à prévenir les irritations dues aux couches.** Avant de mettre une nouvelle couche au bébé, mettez un peu de gelée de pétrole Vaseline sur ses fesses propres.

◆ **Évitez que les ampoules extérieures restent collées dans la douille.** Pour pouvoir plus tard dévisser facilement une ampoule, enduisez le culot d'une mince couche de gelée de pétrole Vaseline.

◆ **Guérissez vos lèvres gercées.** Mettez un petit peu de gelée de pétrole Vaseline sur vos lèvres avant d'aller dehors et encore avant d'aller vous coucher.

◆ **Enlevez les taches de rouge à lèvres sur les serviettes de table.** Mettez un peu de gelée de pétrole Vaseline sur les taches avant de laver vos serviettes.

◆ **Évitez que votre colorant capillaire assèche votre peau.** Avant d'utiliser le produit colorant, mettez un peu de gelée de pétrole Vaseline à la naissance de vos cheveux.

◆ **Protégez votre peau contre les gerçures.** Appliquez une mince couche de gelée de pétrole Vaseline.

◆ **Évitez que les bacs de votre réfrigérateur restent collés.** Mettez un peu de gelée de pétrole Vaseline sur les bords des bacs pour qu'ils glissent toujours facilement.

◆ **Empêchez la cire de chandelle de coller au chandelier.** Couvrez l'intérieur de chaque porte-chandelle avec de la gelée de pétrole Vaseline.

◆ **Empêchez le shampoing d'irriter les yeux d'un enfant.** Mettez de la Vaseline sur le front de l'enfant, juste au-dessus des sourcils. Le shampoing coulera sur les côtés.

◆ **Cirez vos chaussures.** Frottez les chaussures avec la gelée de pétrole Vaseline, puis essuyez le surplus avec une serviette.

INVENTION
1887

LE NOM
L'inventeur de la gelée de pétrole Vaseline, Robert Augustus Chesebrough, combina le mot allemand *wasser* (eau) et le mot grec *elaion* (huile d'olive).

UNE BRÈVE HISTOIRE
En 1859, son commerce de kérosène menacé par la faillite, un chimiste de Brooklyn, Robert Augustus Chesebrough, se rendit à Titusville, en Pennsylvanie, pour se lancer dans l'industrie concurrente du pétrole. Il fut intrigué par le résidu gélatineux qui recouvrait les mèches de forage. Les ouvriers lui apprirent que cette gelée faisait merveille sur les blessures et les brûlures. Chesebrough rapporta plusieurs pots de cette gelée à Brooklyn. Il réussit à purifier ce

«gras» de pétrole, le transformant en une gelée claire et douce qu'il appela «gelée de pétrole». Il commença la production de Vaseline en 1887.

INGRÉDIENT

Gelée de pétrole blanche.

SAVIEZ-VOUS QUE...?

◆ L'explorateur Robert Peary se munit de gelée de pétrole Vaseline lors de son expédition au pôle Nord pour protéger sa peau contre les gerçures et son équipement mécanique contre la rouille.

◆ Comme la gelée de pétrole supporte les climats tropicaux, des Indiens de l'Amazonie faisaient la cuisine avec Vaseline et en tartinaient sur le pain.

◆ Les fabricants de cosmétiques achètent la gelée de pétrole Vaseline en vrac et s'en servent comme base pour les crèmes. L'industrie pharmaceutique utilise aussi la gelée de pétrole comme base dans différents types de crèmes ou de baumes. Avant l'apparition de la gelée de pétrole Vaseline, les pharmaciens utilisaient du lard ou de la glycérine comme base, mais ces ingrédients d'origine animale ou végétale se décomposaient rapidement et devenaient rances.

◆ Les ventes de gelée de pétrole Vaseline ont augmenté de façon incroyable en Russie en 1916 quand les paysans ont découvert qu'en ajoutant de la gelée à l'huile qu'ils utilisaient dans leurs lampions ils éliminaient la fumée étouffante qu'ils produisaient.

◆ En Chine, ce fut la révolution lancée par Sun Yat-sen en 1917 qui fit exploser les ventes de gelée de pétrole Vaseline. Le libérateur avait ordonné que tous les coolies coupent leur natte, un symbole de soumission. Ceux-ci découvrirent rapidement que la gelée de pétrole Vaseline soulageait l'inconfort provoqué par le hérissement de leurs cheveux fraîchement coupés ras.

◆ L'album qui contient les titres les plus populaires du groupe Talking Heads s'intitule Sand in the Vaseline.

DISTRIBUTION

◆ On peut dire qu'il y a un pot de gelée de pétrole Vaseline dans à peu près toutes les maisons aux États-Unis.

◆ Chesebrough-Ponds produit la gelée de pétrole Vaseline, la gelée de pétrole médicamentée Vaseline, la lotion Vaseline soins intensifs et le gel pour les lèvres Vaseline Lip Therapy (pour les lèvres gercées).

POUR PLUS D'INFORMATION

Chesebrough-Ponds Canada : 1 800 668-2288.

WD-40

◆ **Attirez les poissons.** Selon le quotidien *USA Today*, on améliore l'efficacité des leurres quand on les vaporise avec du WD-40 car il camoufle l'odeur des mains sur l'appât. La WD-40 Company a reçu des centaines de lettres qui confirment cette information, mais elle préfère ne pas vanter ces vertus du WD-40 parce que le produit à base de pétrole pourrait polluer ruisseaux et rivières et endommager l'écosystème.

◆ **Guérissez la gale.** Même si *USA Today* soutient que vaporiser un chien avec du WD-40 élimine les mites parasites, l'entreprise, croyant que le danger d'une mauvaise utilisation du produit est trop grand, refuse de cautionner l'emploi de WD-40 pour traiter la gale chez les animaux.

◆ **Empêchez les écureuils de se rendre dans les cabanes pour oiseaux.** Vaporisez du WD-40 sur le poteau métallique ou sur les fils qui tiennent la cabane.

◆ **Retirez une bague coincée.** Plusieurs revues médicales soutiennent que le WD-40 constitue le traitement idéal pour l'orteil pris dans le robinet de la baignoire, le doigt coincé dans le goulot d'une bouteille ou pour dégager une bague qui ne veut pas glisser du doigt.

◆ **Nettoyez la neige décorative des fenêtres.** Vaporisez les fenêtres avec du WD-40 avant de faire de même avec la fausse neige. Ainsi, les décorations se nettoieront facilement.

◆ **Empêchez les insectes morts de coller sur le capot ou la grille avant de votre automobile.** Vaporisez du WD-40 sur le capot et la grille pour pouvoir les nettoyer facilement sans endommager la peinture ou le chrome.

◆ **Enlevez la gomme à mâcher, les marques de crayon et les taches de goudron de la plupart des surfaces.** Vaporisez du WD-40, attendez un peu, puis essuyez.

◆ **Faites glisser facilement les cintres sur la tringle.** Vaporisez la tringle avec du WD-40 pour pouvoir déplacer facilement les cintres.

◆ **Nettoyez les becs obstrués des vaporisateurs de peinture.** Dévissez le bec de la canette de peinture ainsi que celui du WD-40. Vissez le bec obstrué à la canette de WD-40, pressez rapidement à quelques reprises et réinstallez les becs sur leur contenant respectif.

◆ **Enlevez les taches d'huile des entrées de garage.** Vaporisez du WD-40, attendez, puis épongez. L'alcool minéral et les distillats de pétrole contenus dans le WD-40 agissent comme dissolvants.

◆ **Facilitez l'installation des fils électriques.** Vaporisez le fil avec du WD-40 pour l'aider à glisser dans un conduit tortueux.

◆ **Empêchez les brins d'herbe de s'agglutiner sur la tondeuse à gazon.** Vaporisez du WD-40 sous la tondeuse avant de tondre le gazon.

◆ **Nettoyez la sève des outils de jardinage.** Vaporisez du WD-40, attendez un peu, puis essuyez.

◆ **Empêchez l'accumulation de boue et d'argile sur les bicyclettes.** Couvrez la bicyclette d'une mince couche de WD-40.

◆ **Enlevez les aliments collés sur une plaque à biscuit.** Vaporisez la plaque avec du WD-40 et essuyez. Puis lavez avec du savon et de l'eau.

◆ **Enlevez la saleté et la suie de la grille du barbecue.** Enlevez la grille, vaporisez avec du WD-40, attendez puis essuyez. Lavez avec de l'eau et du savon.

◆ **Détachez la gomme à mâcher d'une semelle.** Vaporisez du WD-40, attendez puis retirez la motte de gomme.

◆ **Éloignez les chiens, les mouches et les asticots des poubelles.** Couvrez les poubelles d'une fine couche de WD-40.

◆ **Éliminez le crissement que font les chaussures neuves.** Vaporisez du WD-40 sur le cuir, puis polissez.

◆ **Faites disparaître les taches de graisse sur les tissus.** Vaporisez du WD-40 directement sur la tache, faites pénétrer, laissez tremper durant quelques minutes, puis lavez normalement.

◆ **Éliminez les bruits produits par les matelas à ressorts.** Enlevez le tissu qui recouvre le dessous du matelas (en enlevant les agrafes) et vaporisez du WD-40 sur les ressorts. Replacez le tissu avec une agrafeuse.

◆ **Polissez les meubles de bois.** Vaporisez du WD-40 sur un tissu et frottez délicatement.

◆ **Nettoyez les marques de crayon sur un tableau noir.** Vaporisez du WD-40 sur les marques, laissez reposer durant 10 minutes, puis essuyez avec un linge.

◆ **Détachez une langue collée à une pièce de métal gelée.** Vaporisez du WD-40 sur le métal autour de la langue.

INVENTION
1953

LE NOM
Norman Larsen, président et chef chimiste de la Rocket Chemical Company, créa une formule d'hydrofuge (*water displacement*) qu'il nomma WD-40. Il en était à sa quarantième tentative.

UNE BRÈVE HISTOIRE
Dans les années 1950, l'industrie aérospatiale américaine recherchait un produit pour éliminer l'humidité des circuits électriques et pour empêcher la corrosion sur les avions et le nez des missiles Atlas. La nouvelle formule hydrofuge WD-40 fut d'une telle efficacité que les ingénieurs de la Rocket Chemical Company prirent rapidement l'habitude d'en subtiliser pour l'utiliser à la maison sur les portes grinçantes ou les serrures bloquées. Le produit entra sur le marché des consommateurs en 1958. Trois ans plus tard, on y ajouta un léger parfum pour éliminer l'odeur produite par les distillats de pétrole. En 1969, la compagnie changea son nom et devint la WD-40 Company, du nom du seul produit

qu'elle fabriquait. L'entreprise concocte la «sauce secrète», mais ce sont d'autres compagnies spécialisées qui ajoutent le solvant et l'agent propulseur et qui mettent le produit en canette.

INGRÉDIENTS

Distillats de pétrole, parfum.

SAVIEZ-VOUS QUE...?

◆ En 1964, John Glenn fit le tour de la Terre en orbite dans la capsule *Friendship VII* qui était entièrement recouverte de WD-40.

◆ La WD-40 Company est cotée à la bourse (Nasdaq) depuis 1973. La première émission de 300 000 titres fut mise en vente au prix de 16,50 $US l'action. À la fin de la journée, elle se vendait 26,30 $US.

◆ WD-40 fabrique annuellement près de quatre millions de litres de la «sauce secrète».

DISTRIBUTION

◆ Quatre foyers américains sur cinq possèdent une canette de WD-40. Le produit est offert dans 115 pays.

◆ Les ventes mondiales de WD-40 ont atteint 112 millions de dollars US en 1994.

POUR PLUS D'INFORMATION

WD-40 Products (Canada) Ltd., P.O. Box 220, Etobicoke (Ontario) M9C 4V3. Téléphone : (416) 622-9881.

WINDSOR

SEL

Assouplissez un jeans neuf. Ajoutez une demi-tasse de sel Windsor au détergent lorsque vous lavez des jeans.

Éloignez les puces. Lavez la cabane à chien avec de l'eau salée.

Enlevez la rouille sur les outils. Faites une pâte avec deux cuillères à soupe de sel Windsor et une cuillère à soupe de Realemon. Avec un linge sec, appliquez cette pâte sur l'outil et frottez bien.

◆ **Faites disparaître la mousse de savon dans l'évier.** Saupoudrez avec du sel Windsor, la mousse disparaîtra.

Nettoyez les taches de café et de thé sur la porcelaine. Nettoyez avec un mélange composé également de sel Windsor et de vinaigre blanc.

Empêchez le gel des conduites de vidange ou dégelez-les. Par temps froid, saupoudrez du sel Windsor dans les conduites.

Enlevez la poussière sur les fleurs de soie. Placez les fleurs dans un grand sac en papier, ajoutez deux tasses de sel Windsor, fermez le sac et secouez. Le sel détache les particules de poussière. Sortez les fleurs et secouez-les pour faire tomber les restes de sel.

Faites disparaître les pellicules. Saupoudrez une cuillère à soupe de sel Windsor sur les cheveux quand ils sont secs. Massez délicatement puis lavez les cheveux normalement.

◆ **Empêchez l'herbe de pousser dans les crevasses.**
Déposer un peu de sel Windsor dans les crevasses. Son effet
corrosif tue les plantes.

◆ **Absorbez le gras de cuisson ou un œuf brisé.** Mettez
immédiatement du sel Windsor sur le liquide déversé, laissez reposer 20 minutes et essuyez.

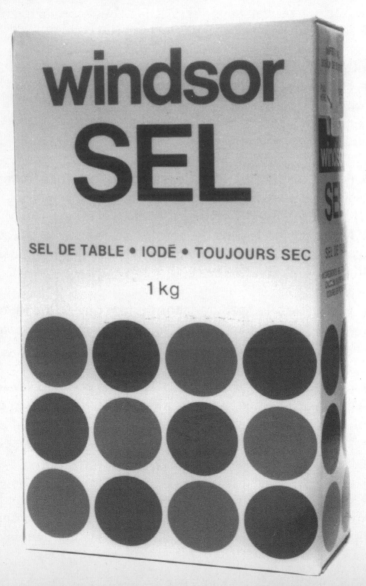

◆ **Empêchez les couleurs de ternir lors du lavage.** En plus du détergent, mettez une tasse de gros sel Windsor dans la laveuse.

◆ **Éloignez les limaces.** Saupoudrez du sel Windsor sur le trottoir, près de la pelouse. Un phénomène d'osmose inversée tue les limaces lorsqu'elles tentent de s'approcher de la maison. On peut aussi protéger de la même façon la nourriture des animaux domestiques.

INVENTION
1893

LE NOM
Le sel Windsor doit son nom à la compagnie qui le produisait à l'origine (Windsor Salt Company), qui elle avait pris celui de la ville où elle était installée, Windsor, en Ontario.

UNE BRÈVE HISTOIRE
La Windsor Salt Company, fondée en 1893 à Windsor, en Ontario, était une filiale de la Canadian Pacific Railway Company (CPR); le fondateur, sir William Van Horne, voulait transporter de la marchandise sur le nouveau réseau de la CPR. L'entreprise se développa sous la direction de deux autres employés de la CPR : E. G. Henderson, un ingénieur d'origine irlandaise, et Thomas Tait, qui reçut plus tard le titre de chevalier, pour services rendus à l'Empire et au réseau de chemins de fer australien. Quelques années plus tard, critiquée parce qu'elle s'était immiscée dans l'industrie, la CPR vendit la société naissante. La nouvelle entreprise prit le nom de Société canadienne de sel, ltée, sous la présidence de sir William Van Horne. C'est surtout grâce à son directeur général, E. G. Henderson, que l'entreprise se développa et prospéra. En 1928, la Canadian Industries Limited, une nouvelle entreprise de produits chimiques, acheta la Société canadienne de sel. En 1950,

après la fusion entre la Division du sel de C-I-L et l'Alberta Salt Company Limited, le nom Société canadienne de sel fut de nouveau utilisé. En octobre 1977, Morton International, Inc. (autrefois Morton-Norwich Products Inc.) acheta toutes les actions de la Société canadienne de sel, ltée.

INGRÉDIENTS

Sel de table : sel, silicate de calcium, sucre inverti, iodure de potassium.

SAVIEZ-VOUS QUE...?

◆ La première mention écrite du sel est, bien sûr, celle de la femme de Loth dans la Bible, qui fut transformée en statue de sel quand elle désobéit aux ordres des anges et se retourna pour contempler Sodome qu'elle venait de fuir avec son mari.

◆ Dans la Grèce antique, on troquait du sel pour des esclaves.

◆ On donnait aux soldats romains «la ration de sel», *salarium argentum,* d'où provient le terme «salaire».

◆ La superstition selon laquelle il est de mauvais augure de renverser du sel a peut-être son origine dans le célèbre tableau de Léonard de Vinci *La Cène*. On y voit en effet une salière renversée devant Judas l'Iscariote. Par contre, les Français croyaient qu'on pouvait empêcher toute entourloupette en lançant une pincée de sel par-dessus son épaule, pincée qui tomberait dans l'œil du diable.

◆ On estime que le sel a 14 000 utilisations industrielles spécifiques. Parmi celles-ci : condiment alimentaire, traitement des peaux animales, préparation de solutions salines, fabrication de chlore (utilisé dans les plastiques, les insecticides, les fibres synthétiques et les teintures) et fabrication de soude caustique et d'ammoniac.

◆ Le sel empêche la croissance des bactéries, de la moisissure et de la levure. Cela en fait un agent de conservation naturel tout indiqué pour le beurre, la margarine, les mayonnaises, la saucisse, les viandes traitées et tous les produits marinés. Le sel joue aussi un rôle important dans l'action du levain dans le pain, dans le développement de la texture et de la croûte des fromages naturels, dans la couleur blanchie de la choucroute et dans la tendreté des légumes.

DISTRIBUTION

◆ La Société canadienne de sel est le plus important fabricant de sel au Canada. Elle offre plus de 200 produits destinés à la consommation et à l'industrie.

◆ Les produits de sel raffiné et de sel gemme sont commercialisés sous les noms bien connus de Windsor et de Safe-T-Salt.

POUR PLUS D'INFORMATION

Société canadienne de sel, ltée : (514) 630-0900 (Pointe-Claire).

WORCESTERSHIRE
SAUCE

◆ **Faites reluire les casseroles de cuivre.** Frottez les parties ternies avec un linge doux enduit de sauce Worcestershire.

◆ **Polissez le bronze.** Appliquez de la sauce Worcestershire avec un linge légèrement humide.

◆ **Réparez les égratignures sur le bois.** Utilisez du coton en boule pour appliquer la sauce Worcestershire sur la surface endommagée.

INVENTION
1835

LE NOM
Le nom vient de la ville de Worcester, en Angleterre, qui est dans le comté (*shire*) de Worcester.

UNE BRÈVE HISTOIRE
Lord Marcus Sandys, gouverneur du Bengale, prit sa retraite en 1835 et s'installa à Ombersley, en Angleterre. Il découvrit rapidement qu'il s'ennuyait de sa sauce indienne favorite. Il donna la recette à deux commerçants de la rue Broad à Worcester, une ville voisine, et leur demanda de lui en préparer une bonne quantité. John Lea et William Perrins préparèrent un peu plus de sauce que requis, se disant qu'ils pourraient vendre le surplus à leurs clients. Mais cette sauce relevée au goût de poisson n'eut aucun succès et fut rangée dans la cave. Lea et Perrins la redécouvrirent deux ans plus tard alors qu'ils faisaient du rangement.

Après avoir goûté à la sauce vieillie, ils l'embouteillèrent et la mirent en vente, la présentant comme une trempette locale. Plus tard, les vendeurs de Lea et Perrins réussirent à convaincre les propriétaires de paquebots anglais de mettre leur sauce sur les tables dans les salles à manger. C'est ainsi que la sauce Worcestershire devint LA sauce pour le steak autant en Europe qu'aux États-Unis.

INGRÉDIENTS

Vinaigre de malt, vinaigre d'alcool, eau, mélasse de raffineur, sucre, anchois, sel, tamarins, échalotes, ail, épices, arôme naturel.

SAVIEZ-VOUS QUE...?

◆ Encore aujourd'hui, on laisse reposer la sauce Worcestershire durant une période allant jusqu'à deux ans avant de l'embouteiller.

◆ Une publicité de 1919 proclamait faussement que la sauce Worcestershire était «un merveilleux tonique liquide qui contribue à vous donner une chevelure magnifique».

◆ Une photographie célèbre prise le 30 septembre 1938 montre Neville Chamberlain, Édouard Daladier, Benito Mussolini et Adolph Hitler dînant ensemble. Au milieu de la table trône une bouteille de sauce Worcestershire Lea & Perrins.

DISTRIBUTION

◆ La sauce Worcestershire Lea & Perrins est la sauce Worcestershire foncée la plus populaire au monde.

◆ La sauce Worcestershire Lea & Perrins est distribuée au Canada par E.D. Smith et fils ltée.

POUR PLUS D'INFORMATION

E.D. Smith et fils ltée : 1 800 263-9246.

ZIPLOC
SACS D'EMBALLAGE

◆ **Protégez votre passeport de l'eau.** Rangez votre passeport dans un sac Ziploc.

Protégez vos documents importants. Remisez déclarations de l'impôt sur le revenu, documents officiels, chèques annulés, reçus, copies de garantie et livrets d'instruction dans un sac Ziploc.

Rangez vos articles de camping. Transportez ustensiles, aliments, vêtements, cartes géographiques, médicaments et trousse de secours dans des sacs Ziploc.

Ayez à portée de la main une éponge ou un linge humide pour les doigts collants. En voyage, emportez une éponge ou un linge humide dans un sac Ziploc pour nettoyer les mains.

Séparez lingerie, écharpes, gants, bas et mouchoirs. Rangez ces vêtements dans des sacs Ziploc pour ne pas les mélanger.

Rangez vos bijoux. Séparez bagues, boucles d'oreilles, colliers et broches dans des sacs Ziploc différents.

Changez une couche sur une surface étanche. En cas d'urgence, installez le bébé sur un sac Ziploc de grand format pour changer sa couche.

Rangez les couches sales dans la trousse du bébé en éliminant les odeurs nauséabondes. Ayez toujours des sacs Ziploc dans la trousse du bébé pour y mettre les couches sales jusqu'à ce que vous puissiez en disposer convenablement. Cela est particulièrement apprécié quand on visite des amis.

◆ **Emportez un casse-croûte.** En voyage, emportez votre casse-croûte dans un sac Ziploc.

◆ **Emportez des vêtements de rechange pour le bébé.** Pour une sortie ou un voyage, mettez les vêtements de rechange du bébé dans un sac Ziploc. Dans d'autres sacs, rangez tétine, ouate et médicaments. Placez tous ces objets dans un grand sac Ziploc et rangez-le dans la trousse du bébé.

◆ **Rangez vos produits de toilette en voyage.** Mettez tous vos produits de toilette dans un sac Ziploc, prévenant ainsi les fuites et les écoulements.

◆ **Rangez les pièces d'un jeu.** Plus jamais vous ne perdrez dés, cartes, pièces ou petits jouets.

◆ **Entreposez les objets saisonniers.** Rangez les cartes de Noël en surplus, les valentins ou les décorations de l'Halloween dans des sacs Ziploc.

◆ **Préparez la valise d'un enfant.** Utilisez de grands sacs Ziploc pour organiser les vêtements d'un enfant qui part en vacances. Pour chaque jour, composez l'habillement de l'enfant et mettez-le dans un sac Ziploc.

◆ **Marinez les viandes.** Mélangez tous les ingrédients de votre marinade dans un sac Ziploc et réfrigérez.

◆ **Rangez des crayons.** Conservez toujours quelques crayons de couleur dans un sac Ziploc de telle sorte que les enfants auront toujours quelque chose pour s'occuper au restaurant ou en voyage.

◆ **Conservez les restes de nourriture.** Pour des repas rapides, conservez les restes de repas en portions individuelles dans des sacs Ziploc.

◆ **Rangez vos coupons-rabais.** Rangez les coupons dans des sacs Ziploc pour pouvoir les consulter rapidement.

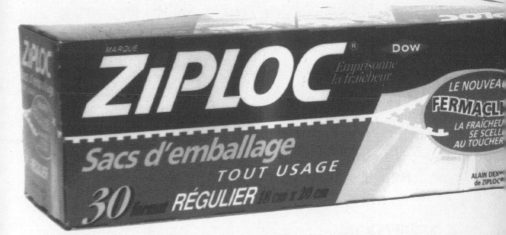

◆ **Composez un bouquet de senteurs.** Réunissez des roses séchées, des rameaux de genévrier, des petits cônes de pin, des lanières de pelure d'orange, des feuilles de laurier, des bâtons de cannelle, des clous de girofle, des grains de poivre. Puis mélangez quelques gouttes d'huile de rose, d'huile de cannelle et d'huile de balsam. Mettez tous les ingrédients dans un sac Ziploc et réfrigérez durant quelques semaines pour que les odeurs se mêlent bien. Tournez le sac périodiquement.

◆ **Rangez les pièces de puzzle.** Conservez toutes les pièces d'un puzzle dans un sac Ziploc afin de ne plus jamais en perdre une pièce clé.

◆ **Rangez boulons, vis, etc.** Rangez séparément vis, boulons, clous, mèches pour perceuse, rondelles de caout-chouc dans des sacs Ziploc.

◆ **Rangez les objets servant à faire de l'artisanat.** Conservez dans des sacs Ziploc les pinceaux, rubans, per-les, colles et cordes servant à vos projets d'artisanat.

◆ **Décorez facilement un gâteau avec du glaçage.** Remplissez de glaçage un sac Ziploc et serrez-le pour que le glaçage s'accumule dans un coin. Scellez, puis coupez une petite ouverture sur le coin avec des ciseaux. Pressez sur le glaçage pour dessiner des décorations diverses ou écrire un nom. Utilisez un sac différent pour chaque couleur.

◆ **Nettoyez la pomme de douche.** S'il est impossible de défaire la pomme de douche pour la nettoyer, remplissez un sac Ziploc de vinaigre, placez-le autour de la pomme de douche et maintenez-le en place avec un ruban élastique. Laissez toute la nuit.

INVENTION
1970

LE NOM
Ziploc est une combinaison ingénieuse des mots *zipper* (fermeture éclair) et *lock* (verrouiller), un truc mnémotechnique pour rappeler aux consommateurs que les sacs ferment hermétiquement.

UNE BRÈVE HISTOIRE
Herbert H. Dow mit sur pied Dow Chemical Company lorsqu'il découvrit des dépôts de sel dans le nord du Michigan. La compagnie se lança ensuite dans la recherche, le développement et la production de produits chimi-

ques pour l'industrie. Le premier produit pour le grand public, Saran Wrap, fut lancé en 1953. Puis vinrent Handi-Wrap en 1960, Dow Oven Cleaner en 1963 et Scrubbing Bubbles en 1966. C'est en 1970 que Dow présenta les sacs d'emballage Ziploc dotés du mécanisme de languette-rainure breveté «Gripper Zipper» qui assure une protection complète contre l'air et l'eau.

INGRÉDIENT
Polyéthylène.

SAVIEZ-VOUS QUE...?
◆ Parmi les sacs pour la conservation des aliments qui sont munis d'un mécanisme de type fermeture éclair, les sacs Ziploc furent les premiers à être offerts sur le marché.

◆ Selon les sondages, les consommateurs considèrent que les sacs Ziploc sont les plus faciles à fermer.

◆ Les sacs Ziploc sont recyclables; ils font partie de la catégorie 4 des plastiques recyclables, mais au moment où ces lignes sont écrites, il est bien difficile de trouver un centre local de recyclage qui puisse traiter ce genre de plastique.

◆ Les sacs d'emballage Ziploc peuvent être utilisés pour réchauffer les aliments dans un four à micro-ondes. Les sacs Ziploc pour congélateur peuvent servir à réchauffer ou à décongeler les aliments au micro-ondes. Ouvrez d'un ou deux centimètres la fermeture pour permettre à la vapeur de s'échapper et n'utilisez les modes de décongélation ou de réchauffement que durant un court moment. N'utilisez pas les sacs Ziploc dans le four à micro-ondes quand les aliments ont une haute teneur en sucre ou en gras; ces aliments réagissent très rapidement à l'énergie dégagée par le four, ce qui pourrait faire fondre le sac. Les sacs à sandwich Ziploc ne doivent pas être mis au micro-ondes car ils sont trop minces.

◆ Ne faites pas bouillir les aliments dans des sacs Ziploc.

Ils s'amollissent dès que la température atteint 90 °C (195 °F), ce qui est inférieur au point d'ébullition.

DISTRIBUTION

◆ DowBrands produit les sacs d'emballage Ziploc, les sacs pour congélateur Ziploc, les sacs à sandwich Ziploc, les sacs à légumes Ziploc et les sacs à collation Ziploc.

POUR PLUS D'INFORMATION

DowBrands inc. : 1 800 561-6869.

ENCORE PLUS DE TRUCS

DAWN®

Tuez les insectes sur les feuilles des plantes. Mélangez une demi-tasse de détergent à vaisselle Dawn dans un litre d'eau. Vaporisez sur les deux côtés des feuilles, laissez reposer une heure, puis vaporisez avec de l'eau.

POUR PLUS D'INFORMATION : Procter & Gamble : 1 800 668-0198.

LIQUID PAPER®

Camouflez le mastic ou le mortier taché. Peignez tout simplement le mastic avec du correcteur Liquid Paper. **Recouvrez les éraflures sur des chaussures blanches.** Appliquez du correcteur Liquid Paper sur les éraflures.

POUR PLUS D'INFORMATION : Gillette Canada inc. : 1 800 884-4443.

PAMPERS®

Contrôlez un saignement important. Utilisez une paire de Pampers comme compresse.
POUR PLUS D'INFORMATION : Procter & Gamble : 1 800 285-6064.

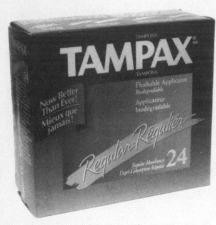

TAMPAX®
TAMPONS

Contrôlez un saignement important. On peut utiliser un tampon comme compresse sur une blessure ou une lacération.
POUR PLUS D'INFORMATION : Tambrands Canada inc. : 1 800 826-2726.

Si vous connaissez d'autres façons originales
d'utiliser des produits connus,
faites parvenir vos trucs et suggestions
à l'auteur à l'adresse suivante :

Joey Green
Polish Your Furniture with Panty Hose
c/o Hyperion
114 Fifth Avenue
New York, NY 10011

ou aux soins de :

Éditions Libre Expression
Polissez vos meubles avec des bas-culottes
2016, rue Saint-Hubert
Montréal (Québec) H2L 3Z5

REMERCIEMENTS

Sans mon extraordinaire éditrice, Laurie Abkemeier, ce livre hors de l'ordinaire ne serait qu'un amas de feuillets jaunis remisés dans une boîte et oubliés dans un placard. Son enthousiasme, sa passion et son sens développé de l'humour ont fait de mon travail sur ce livre un moment plein de joie.

Chez Hyperion, je remercie Bob Miller, Adrian James, Mark Rifkin, Claudyne Bianco et toute une équipe de correcteurs et de réviseurs qui ont consacré une petite partie de leur vie à ce livre.

Je ne remercierai jamais suffisamment mon agent, Jeremy Solomon, pour son professionnalisme remarquable, son incroyable détermination et son sens de l'entrepreneurship.

Dans le monde corporatif, ma reconnaissance va à Mary Jon Dunham et Melinda Bollenbacher de Procter & Gamble (fabricant de Bounce, Ivory, Jif, Dawn et Pampers), Melissa Minsky et Peter Sanders de Clairol (Herbal Essences), Norman Mandel de Coca-Cola Company, Patrick Boland et Joanne Feeney chez Colgate-Palmolive, Meghan Flynn de Burston/Marsteller (relations publiques pour Dannon), John O'Shea, Sally Dancos et Sharon Meckes de Warner-Lambert (Efferdent et Listerine), John A. Jones, Kelly Rae Cooper et Jerome R. Schindler de Borden (Elmer's Glue-All), Nancy Lovre chez Beecham Inc. (Geritol), Scott Thayer, Valerie Sciotto et Ed Gleason de Heinz U.S.A., Sandra Davenport du Vinegar Institute, Michael Mazza, Sandy Sullivan et Trish Cetrone de Clorox Company (briquettes de charbon de bois Kingsford), Arthur DeBaugh, Kevin Mundy et James Friedan de Sara Lee (L'eggs), Daniel Gross de J. Walter Thompson (agence responsable de Listerine), Gary Wilkerson et Amy Fuelling de Maybelline, Danielle Taylor et Janine Kober de Lippe Taylor (relations publiques pour

Maybelline), Dan Carlson, Kathy Vanderwist et Steve Flint de Mr. Coffee, Vince Marotta (fondateur de Mr. Coffee), Nancy Hober et Robert Didrick de Morton International, Robert Collins, Rich M. Gacer et Jennifer Sievers de Nestlé, Janet Silverberg de Quaker Oats Company, Alan McDonald et Carol Owen de Reynolds Metals, Sylvia Woolf Gallop de Binney & Smith (Silly Putty), Kevin Jones de Hormel Foods (SPAM), Cheryl Spangler de Giurlani USA (huile d'olive Star), Edward Lowe (fondateur de Golden Cat Corporation), Peter C. Trybula de Golden Cat Corporation (Tidy Cat), Aura Piedra de Chesebrough-Ponds (gelée de pétrole Vaseline), Emmet Burns et Laura Scotiel de Lea & Perrins (sauce Worcestershire), Paige M. Perdue de WD-40 Company, Joseph J. Bonk et Lauren Cislak de DowBrands (Ziploc), Danielle Frizzi de Gillette Company (Liquid Paper) et Barbara Gargiulo de Tambrands (tampons Tampax).

Plusieurs consommateurs américains particulièrement avisés ont partagé leur sagesse et leurs trouvailles, parmi eux, Barbara Green, Robert Green, Dr Jeffrey Gorodetsky, Leonard Sherman, Andrea Brum, Mindy Staley, John Fiore Pucci, Gretchen Van Pelt, Jeffrey Combs, Bill Aitchison et Dr Richard Swatt.

Et par-dessus tout, tout mon amour pour Debbie et Ashley.

* * *

POUR L'ADAPTATION FRANÇAISE AU CANADA, L'ÉDITEUR TIENT À REMERCIER PARTICULIÈREMENT : M. Vince Cardillo de Bertolli Canada inc., M. Pierre Duhamel (bas-culottes Cameo), M. Armando Guadagno de Les Bas Sara Lee Canada ltée (bas-culottes Cameo), Mme Carole Chagnon de Aliments Delisle ltée (yogourt Danone), M. Guy Noël de Ralston Purina Canada Inc. (litière pour chats Kitty Litter), Mme Christiane Jean de A.L. Van Houtte ltée et Mme Manon Chevalier de la Société canadienne de sel, ltée (sel Windsor).

ET POUR
LES PLUS PETITS DÉTAILS

Bibliographie

All-New Hints from Heloise par Heloise (New York : Perigee, 1989).

Another Use For par Vicki Lansky (Deephaven, MN : Book Peddlers, 1991).

Can You Trust a Tomato in January? par Vince Staten (New York : Simon & Shuster, 1993).

Chicken Soup & Other Folk Remedies par Joan Wilen et Lydia Wilen (New York : Fawcett Columbine, 1984).

Coca-Cola: An Illustrated History par Pat Watters (New York : Doubleday, 1978).

Dictionary of Trade Name Origins par Adrian Room (Londres : Routledge & Kegan Paul, 1992).

◆ *Encyclopedia of Pop Culture* par Jane et Michael Stern (New York : HarperCollins, 1992).

«Have a Problem? Chances Are Vinegar Can Help Solve It» par Caleb Solomon (*Wall Street Journal*, 30 septembre 1992).

Hints from Heloise par Heloise (New York: Arbor House, 1980).

Hoover's Handbook of World Business 1993 (Austin : Reference Press, 1993).

◆ *Hoover's Handbook of American Business 1994* (Austin : Reference Press, 1994).

◆ *Household Hints and Handy Tips* par Reader's Digest (Pleasantville, NY : Reader's Digest Association, 1988).

◆ *How the Cadillac Got Its Fins* par Jack Mingo (New York : HarperCollins, 1994).

◆ *How to Work Wonders with the Wonder Jelly* (Trumbull, CT : Chesebrough-Pond's USA).

◆ «Is There Anything Vinegar Is Not Good For?» par Lora Rader (*Country Stock & Small Stock Journal*, mars-avril 1993).

◆ *Kitchen Medicines* par Ben Charles Harris (Barre, MA : Barre, 1968).

◆ *Make It Yourself* par Dolores Riccio et Joan Bingham (Radnor, PA : Chilton, 1978).

◆ *Mary Ellen's Best of Helpful Hints* par Mary Ellen Pinkham (New York : Warner/B. Lansky, 1979).

◆ *Mary Ellen's Greatest Hints* par Mary Ellen Pinkham (New York : Fawcett Crest, 1990).

◆ «More Than Tou Want to Know About SPAM» par Judith Stone (*New York Times Magazine*, 3 juillet 1994).

◆ «A Most Favored Food» par Alice M. Geffen et Carole Berglie (*Americana*, mai-juin 1989).

◆ *The New Our Bodies, Ourselves* par The Boston Women's Health Book Collective (New York : Touchstone, 1992).

◆ *Panati's Extraordinary Origins of Everyday Things* par Charles Panati (New York : HarperCollins, 1987).

◆ «WD-40» (*USA Today*, 1993).

◆ *A Whole Houseful of Uses for Heinz Vinegar* (Pittsburgh, PA : H.J. Heinz, 1993).

◆ *Why Did They Name It...?* par Hannah Campbell (New York : Fleet, 1964).

◆ *The Woman's Day Help Book* par Geraldine Rhoads et Edna Paradis (New York : Viking, 1988).

LISTE DES MARQUES DE COMMERCE

«Bertolli» est une marque déposée de Unilever Canada ltée.

«Bounce» est une marque déposée de Procter & Gamble.

«Cameo» est une marque déposée de Les Bas Sara Lee Canada ltée.

«Clairol» et «Herbal Essences» sont des marques déposées de Clairol.

«Coca-Cola» et «Coke» sont des marques déposées de Coca-Cola Company.

«Colgate» est une marque déposée de Colgate-Palmolive.

«Danone» est une marque déposée de Compagnie Gervais Danone S.A., employée sous licence par Aliments Delisle ltée, une société de Groupe Danone.

«Dawn» est une marque déposée de Procter & Gamble.

«Efferdent» est une marque déposée de Warner-Lambert.

«Elmer's Glue-All» et le taureau Elmer sont des marques déposées de Borden.

«Geritol» est une marque déposée de Beecham, Inc.

«Heinz» est une marque déposée de H.J. Heinz Co.

«Ivory» est une marque déposée de Procter & Gamble.

«Jif» est une marque déposée de Procter & Gamble.

«Kingsford» est une marque déposée de Kingsford Products Company.

«Kitty Litter» et «Tidy Cat» et «Purina Maxx» sont des marques déposées de Ralston Purina company.

«Liquid Paper» est une marque déposée de Liquid Paper Corporation.

«Listerine» est une marque déposée de Warner-Lambert.

«Maybelline» est une marque déposée de Maybelline.

«Nestea» est une marque déposée de Nestlé.

«Pampers» est une marque déposée de Procter & Gamble.

Company.

«ReaLemon» est une marque déposée de Borden.

«Reynolds» est une marque déposée de Reynolds Metals.

«Silly Putty» est une marque déposée de Binney & Smith inc.

«SPAM» et «SPAMBURGER» sont des marques déposées de Hormel Foods Corporation.

«Tampax» est une marque déposée de Tambrands Inc.

«A.L. Van Houtte» est une marque déposée de A.L. Van Houtte Canada ltée.

«Vaseline» est une marque déposée de Chesebrough-Pond's.

«WD-40» est une marque déposée de WD-40 Company.

«Windsor» est une marque déposée de Société canadienne de sel, ltée.

«Worcestershire Sauce» est une marque déposée de Lea & Perrins.

«Ziploc» est une marque déposée de DowBrands L.P.

INDEX

À PROPOS DE L'AUTEUR

JOEY GREEN collaborait au magazine humoristique *National Lampoon* jusqu'à ce qu'il écrive un article dans *Rolling Stone* expliquant pourquoi le *National Lampoon* n'était plus drôle. Green est né à Miami (le *Miami Herald* lui a remis la distinction Silver Knight) et a fait ses études à l'université Cornell de laquelle il fut presque expulsé en 1979 parce qu'il avait vendu de faux programmes pour le match de football entre Yale et Cornell. Il fut éditeur du *Cornell Lunatic,* président de l'Association nationale des magazines humoristiques universitaires et a publié plusieurs livres, dont *Hellbent on Insanity* (avec Bruce Handy et Alan Corcoran), *The Unofficial Gilligan's Island Handbook, The Get Smart Handbook,* ainsi que *The Partridge Family Album.* Green a travaillé pour l'agence de publicité J. Walter Thompson, dans ses bureaux de New York et de Hong Kong. Il créa des messages publicitaires pour Burger King, fut l'auteur de la campagne de lancement du Grand Hyatt Hotel et gagna un trophée Clio pour une publicité dans la presse écrite pour Eastman Kodak. Il eut une longue lune de miel, partant à l'aventure autour du monde durant deux ans. Il a aussi écrit des messages publicitaires télé pour Walt Disney World en Floride. Il vit actuellement à Los Angeles avec sa femme Debbie et sa fille Ashley.

imprimerie   gagné ltée

IMPRIMÉ AU CANADA